結伴而行
共建香港美好家園

—— 經民聯成立十周年獻禮

責任編輯 張宇程　黃振威
裝幀設計 麥梓淇
排　版 肖　霞
印　務 龍寶祺

結伴而行　共建香港美好家園
—— 經民聯成立十周年獻禮

主　　編 李曉惠
副 主 編 韓成科　劉韋瑋
出　　版 商務印書館（香港）有限公司
　　　　　香港筲箕灣耀興道 3 號東滙廣場 8 樓
　　　　　http://www.commercialpress.com.hk
發　　行 香港聯合書刊物流有限公司
　　　　　香港新界荃灣德士古道 220-248 號荃灣工業中心 16 樓
印　　刷 新世紀印刷實業有限公司
　　　　　香港九龍土瓜灣木廠街 36 號聯明興工廠大廈 3 樓
版　　次 2022 年 6 月第 1 版第 1 次印刷
　　　　　© 2022 商務印書館（香港）有限公司
　　　　　ISBN 978 962 07 6691 6
　　　　　Printed in Hong Kong

慶祝香港回歸25周年

結伴而行
共建香港美好家園

—— 經民聯成立十周年獻禮

編委會主席

林建岳

編委會委員

梁君彥　　盧偉國　　李大壯　　林健鋒

張華峰　　梁美芬　　劉業強　　吳永嘉

石禮謙　　陸瀚民　　陳祖恒　　徐旭傑

主　編

李曉惠

副主編

韓成科　　劉韋瑋

目　錄

序言

IV　**林建岳　博士**
全國政協常委 經民聯監事會主席

VI　**經民聯架構及主要成員簡介**

主編的話

X　**李曉惠　教授**
博士生導師 香港文化協進智庫總裁

前言

XIV　**經民聯十周年宣言**

上篇
結伴而行篇

2　第一篇　**與政府結伴而行　建設香港美好家園**
　　一　提交《施政報告》和《財政預算案》建議
　　二　參與政制發展諮詢
　　三　攜手政府發展經濟
　　四　力爭當局覓地建屋
　　五　官民合作改善民生

28　第二篇　**與市民結伴而行　促進施政貼近民情**
　　一　探訪基層　造福市民
　　二　攜手抗疫　共渡難關
　　三　設辦事處　連繫社區
　　四　與民同樂　共慶佳節

80　第三篇　**與業界結伴而行　推動產業多元發展**
　　一　支持工商帶動經濟
　　二　表達金融地產界意見
　　三　促進旅遊相關行業發展
　　四　跟進多個行業訴求

102　第四篇　**與青年結伴而行　拓展空間開創未來**
　　一　裝備青年抓機遇迎挑戰
　　二　幫助青年融入國家發展大局
　　三　廣與各界青年交流互動

126　第五篇　**「是其是非其非」　切實履行監察責任**
　　一　點評《施政報告》和《財政預算案》
　　二　參選議會　為民發聲監察政府
　　三　議會內外為民生發聲

148　第六篇　**加強政策研究　建議科學務實可行**
　　一　安居系列研究產生廣泛影響
　　二　獻策助工商界抓機遇
　　三　提政改建議推動政制發展
　　四　全面研究改善社區環境衛生

158　第七篇　**維護「一國兩制」　守護繁榮穩定根基**
　　一　加強兩地交流　訪問北京及內地省市
　　二　維護「一國兩制」　支持國安立法完善選制

180　第八篇　**感恩各界：周年會慶　大型首映**
　　一　周年會慶
　　二　大型首映

下篇
政策研究篇

200　第一篇　**《香港十年安居計劃》建議書**
　　一　三大願景目標
　　二　拓地建屋五大建議

210　第二篇　**《開發新界　造福香港》建議書**
　　一　開發新界三大目標
　　二　開發新界三大效益
　　三　開發新界具體建議

222　第三篇　**《構建粵港澳大灣區金融機構**
　　　　　　「單一通行證」制度》研究報告
　　一　設立管理機構　制定發展藍圖
　　二　實施配套安排

230　第四篇　**《公屋重建》研究報告**
　　一　公屋重建的迫切性
　　二　大規模重建 26 條舊屋邨效益巨大
　　三　推動公屋重建的具體建議

242　第五篇　**《改善全港社區環境衛生系列研究》**
　　　　　　研究報告
　　一　香港環境衛生概況：世界城市環境衛生排名偏後
　　二　政府部門環境衛生工作存在的突出問題
　　三　提升香港環境衛生水平的總體建議

254　第六篇　**關於在大灣區珠三角城市建立**
　　　　　　「兩園兩城」的建議
　　一　建立「香港青年創業園」
　　二　建立「香港創科園」
　　三　建立「香港商業城」
　　四　建立「香港長者生活城」
　　五　「兩園兩城」的配套安排

附錄一
260　**經民聯十年歷程大事記**

附錄二
273　**經民聯歷年立法會議員、**
　　　區議會議員和全國人大代表、
　　　全國政協委員名單

附錄三
275　**經民聯歷屆行政總裁**

附錄四
276　**經民聯會歌**

結伴而行
共建香港美好家園

林建岳 博士

全國政協常委

經民聯監事會主席

轉眼間，經民聯成立已經 10 年了。看到畫冊的每一張照片，可謂觸景生情，感觸良多。10 年前，我們一班秉持相同理念的工商專業界人士、立法會議員、區議員和社區人士，共同創辦「香港經濟民生聯盟」，期盼能夠為建設香港家園貢獻我們的力量。這些照片，記錄了經民聯成員在香港的風雨歷程中，不離不棄、盡心盡力、任勞任怨、默默耕耘的工作足跡，留存了經民聯同仁攜手同行的珍貴記憶，凝聚了我們大家相互扶持的手足之情。適逢香港回歸祖國 25 周年喜慶之時出版這本畫冊，寄託了我們對香港這個家保持繁榮穩定的深深祝福！承載着我們希望「一國兩制」行穩致遠，50 年之後也不變的美好期待！

感恩各界關顧
經民聯茁壯成長

不忘初心，方能始終。10 年來，經民聯以「工商帶動經濟、專業改善民生」為宗旨，為香港發展出謀獻策，為工商專業界創造更好環境，為沉默中產發聲，與廣大市民風雨同路。

經民聯與特區政府結伴而行，保持良好的合作互動關係，大量的政策建議得到接納，官民攜手發展經濟、改善民生，為民謀福祉；

經民聯與市民結伴而行，照顧跨階層、跨界別、跨區域訴求，關顧基層民生，促進政府施政貼近民情，攜手各界抗疫共渡難關，設立辦事處連繫社區，舉辦各種活動與民同樂；

經民聯與業界結伴而行，力主工商專業創富，推動產業多元發展，積極反映業界困難、訴求，爭取特區政府不斷推出政策措施支援工商專業發展；

經民聯與青年結伴同行，拓展空間開創未來，幫助青年發展和就業，提出設立「港青大灣區 e 通道」，與各界青年廣泛交流互動，幫助裝備青年抓住機遇迎接挑戰，融入國家發展大局；

經民聯在議會內外監察政府，堅持「是其是、非其非」，擇善固執，為民發聲，支持好的政策主張，敦促改進不足之處；

經民聯加強政策研究，發布多份有質量、有份量的政策建議及研究報告，受到特區政府和香港社會的重視，《香港十年安居計劃》建議書提出將香港人均居住面積由 161 平方呎增加至 200 平方呎，更是引起廣泛關注；

經民聯堅定捍衛「一國兩制」，守護香港繁榮穩定的根基，堅決支持香港的國家安全立法並完善香港的選舉制度，全面落實「愛國者治港」，並致力加強兩地交流，多次組團訪問北京及內地省市，推動香港加快融入國家發展大局，把握國家發展機遇。

經民聯感恩各界關顧，得到越來越多新知舊雨的支持，一步一個腳印，逐步茁壯成長，成為香港重要的建設力量。藉此機會，我要對各方面一直以來給予經民聯的愛護和支持，表示衷心的感謝和誠摯的敬意！

期待「一國兩制」
50 年之後也不變

香港回歸祖國已經 25 年，「一國兩制」實踐進入 50 年不變的中期。港區國安法的實施和新選舉制度的建立，香港迎來了由亂轉治、由治及興的重大轉折，開啟了全面落實「愛國者治港」的良政善治新時代，香港終於能夠進入習主席所要求的「聚焦發展這個第一要務」的新階段，中央和香港社會對於發展經濟改善民生有更高的要求和期待。今天的香港，面臨巨大的發展機遇，也面對嚴峻的內外挑戰。在這個重要的歷史節點，所有熱愛香港的人，都應為香港這個家的發展盡一份心，出一分力。

經民聯成立 10 年是一個新的起點。我們期待與社會各界繼續攜手前行，推動香港加快融入國家發展大局，以粵港澳大灣區建設為依託，以「一帶一路」建設為平台，參與「十四五」規劃，對接「雙循環」，在服務國家新一輪改革開放過程中，發揮「香港所長」，對接「國家所需」，貢獻國家，發展香港，造福港人，將香港這個家園建設得更加美好！

監事委員會主席

林建岳 博士
GBS
第十三屆全國政協常委
第十二屆全國政協港
澳台僑委員會副主任
第十一至十三屆全國
政協委員

經民聯架構
及主要成員簡介

監事委員會
副主席

李大壯 先生
SBS, OM, JP
第八至十一屆及第十三
屆全國政協委員

榮譽主席

梁君彥 先生
大紫荊勳賢，GBS, JP
第十一至十三屆全國政
協委員
第三至七屆立法會議員

主席

盧偉國 博士
GBS, MH, JP
第十三屆全國政協委員
第五至七屆立法會議員

副主席

林健鋒 先生
GBS, JP
第十三屆全國政協港澳
台僑委員會副主任
第十一至十三屆全國政
協委員
第四至五屆行政會議非
官守議員
第三至七屆立法會議員

副主席

張華峰 先生
SBS, JP
第十至十三屆全國政協
委員
第五至六屆立法會議員

副主席

梁美芬 博士
SBS, JP
第十三屆香港基本法委
員會委員
第四至七屆立法會議員

副主席

劉業強 先生
BBS, MH, JP
第十二至十三屆全國政
協委員
第五屆行政會議非官守
議員
第六至七屆立法會議員

副主席

吳永嘉 先生
BBS, JP
第六至七屆立法會議員

秘書長

石禮謙 先生
GBS, JP
第二至六屆立法會議員

立法會議員

陸瀚民 先生
第七屆立法會議員

立法會議員

陳祖恒 先生
第七屆立法會議員

VI

全國人大代表

陳亨利 先生
BBS, JP
第十三屆全國人大代表

全國人大代表

洪為民 先生
JP
第十三屆全國人大代表

全國人大代表

王庭聰 先生
BBS, JP
第十二至十三屆全國人大代表

全國政協委員

許漢忠 先生
JP
第十二至十三屆全國政協委員

全國政協委員

胡劍江 先生
第十三屆全國政協委員

全國政協委員

周厚立 先生
MH, JP
第十三屆全國政協委員

全國政協委員

李文俊 博士
SBS, JP
第十一至十三屆全國政協委員

徐旭傑 先生
經民聯董事兼行政總裁

經民聯架構及主要成員簡介

監事委員會
監事委員會主席　林建岳 博士
監事委員會副主席　李大壯 先生

榮譽主席　梁君彥 先生

正副主席、秘書長、立法會議員
主席　盧偉國 博士
副主席　林健鋒 先生
副主席　張華峰 先生
副主席　梁美芬 博士
副主席　劉業強 先生
副主席　吳永嘉 先生
秘書長　石禮謙 先生

立法會議員
陳祖恒 先生
陸瀚民 先生

全國人大代表
王庭聰 先生
洪為民 先生
陳亨利 先生

全國政協委員
林建岳 博士　李大壯 先生
梁君彥 先生　盧偉國 博士
林健鋒 先生
劉業強 先生　張華峰 先生
胡劍江 先生　許漢忠 先生
李文俊 先生　周厚立 先生

董事兼行政總裁
徐旭傑 先生

VII

地區事務委員會

經民聯的理念和發展路向中，經濟民生同樣重要。自成立以來，立即設立地區事務委員會，透過社區服務居民，把關懷傳遞至每個角落。

第一屆主席：方平
第二屆主席：林健鋒
現任主席：梁美芬

青年事務委員會

經民聯青年事務委員會（青委會）於 2013 年 7 月 5 日成立，以「工商專業結合地區」的理念，規劃未來的發展綱領，推展青年工作，致力為年輕人開拓「向上流動」的機會。青委會祈願更多青年才俊與經民聯攜手向前，將聯盟事業薪火相傳，為香港開創新格局。

第一屆主席：李文俊
第二屆主席：張俊勇
現任主席：梁宏正
顧　　問：張俊勇
副 主 席：黃舒明　林顥伊　林凱章　黃永威
　　　　　梁婉婷　李超宇　左滙雄　陸瀚民

工商事務委員會

經民聯一直秉持「工商帶動經濟、專業改善民生」的理念，關注香港的工商業發展。為加強與工商界的聯繫，經民聯於 2018 年 10 月成立工商事務委員會，收集工商界的意見，向政府反映業界訴求。

召 集 人：梁宏正
副召集人：黃舒明　張嘉霖　劉子芸

衛生健康事務委員會

經民聯衛生健康事務委員會於 2018 年 10 月成立，目的為推動本港的醫療衛生事務發展，就本港的衛生健康課題發表意見，以及進行一系列的跟進。委員會由多位與醫療衛生行業相關的專業人士組成，攜手促進本港醫療衛生事務發展。委員會成立後，隨即向特首提交九項重點建議，包括加大醫療機構公私營合作、提高自願醫保吸引力等，幫助港人邁向「強化醫療系統　成就健康人生」的目標。

召 集 人：龐朝輝
成　　員：張嘉霖　劉子芸　梁毅翔　黎慶坤　周家明
　　　　　陳偉強　黎嘉豪　傅錦峯　梁國強　李罡毅
　　　　　徐志良

區議員和地區成員

經民聯 20 多位區議員及地區成員在全港各區服務市民（2022 年）

九龍城

左滙雄　九龍城（愛俊）區議員、九龍城區撲滅罪行委員會委員

何華漢　九龍城（啟德東）區議員、九龍城區防火委員會委員

梁婉婷　九龍城（啟德北）區議員、九龍城區撲滅罪行委員會委員

張仁康　經民聯專業地區榮譽顧問

李超宇　經民聯社區主任、九龍城區防火委員會委員

勞超傑　經民聯專業地區顧問

深水埗

林家輝　經民聯地區顧問、深水埗區防火委員會委員

陳國偉　經民聯地區顧問、深水埗東分區委員會委員、深水埗區防火委員會委員

龐朝輝　經民聯專業地區顧問

陳鏡秋　經民聯地區榮譽顧問

黃永威　經民聯社區主任、深水埗中南分區委員會委員、深水埗區撲滅罪行委員會委員

譚振宇　經民聯社區幹事、深水埗中南分區委員會委員

李祺逢　經民聯地區榮譽顧問

油尖旺

陳少棠　經民聯地區顧問、撲滅罪行委員會委員

黃舒明　經民聯地區顧問、油尖旺區撲滅罪行委員會委員

黃建新　經民聯地區顧問、油尖旺區撲滅罪行委員會委員

李思敏　經民聯地區顧問

屯門

劉業強　屯門區議員

元朗

王威信　經民聯地區顧問、元朗市分區委員會委員

張弓發　經民聯社區幹事

陶皜訊　經民聯社區幹事

沙田

莫錦貴　沙田區議員、沙田區撲滅罪行委員會委員

周秉謙　經民聯社區幹事、沙田圍分區委員會委員

大埔

陳灶良　經民聯地區顧問、大埔南分區委員會委員、大埔區防火委員會主席

李華光　經民聯地區顧問、大埔北分區委員會委員、大埔區撲滅罪行委員會委員

羅曉楓　經民聯地區顧問、大埔南分區委員會副主席、大埔區防火委員會委員

葵青

黃耀聰　經民聯地區顧問、葵涌中南分區委員會委員

李志強　經民聯地區榮譽顧問、葵青區防火委員會委員

譚惠珍　經民聯地區榮譽顧問、葵青區撲滅罪行委員會委員

林銳敏　經民聯社區幹事、葵涌中南分區委員會委員

莫綺琪　經民聯社區幹事

港島東區

丁　煌　經民聯社區幹事

王詩展　經民聯社區幹事、東區防火委員會委員

經民聯十年風雨歷程
與四大特色

李曉惠 教授

博士生導師

香港文化協進智庫總裁

結伴而行　共建香港美好家園

這本《結伴而行 共建香港美好家園》紀念冊，記錄了經民聯成立以來的風雨歷程，既是經民聯成立10周年的紀念畫冊，也是經民聯為慶祝香港回歸25周年奉獻的節日禮物，亦是全面深入了解經民聯的「小百科」。

重創富也重惠民 匯聚精英接地氣

本書主體分為上下篇兩大部分：上篇部分以圖片為主，是經民聯與特區政府、市民、業界和青年結伴而行的記錄；下篇部分是經民聯近年發表的一些在社會上具有較大影響力的研究報告。主體部分之前的《十周年宣言》，系統闡述了經民聯新時代的政策主張及背後的理念；後面的大事記，記述了經民聯十年來的主要活動。縱觀全書，可以看到經民聯越來越突顯作為香港工商專業界政黨的四個特點：

第一，重創富也重惠民

香港本來是一個重創富的社會，《基本法》規定「香港特別行政區保持自由港地位」，實行簡單低稅制，其重要目的就是為了保存和發揮香港的創富優勢。然而，香港自從引入西方的代議制選舉政治之後，重分配而不重創富甚至仇視工商創富的民粹主義侵入香港的政治體制。但經民聯堅持重創富也重惠民的理念，認為只有盡力創富，香港才有足夠的經濟能力解決長期累積的民生難題；只有讓財富的源泉充分湧流，香港才有可能保持長期繁榮，市民才有可能享有充實的幸福感和獲得感。

工商專業界作為本港經濟的最大持份者，是香港創富的主體力量。經民聯作為代表工商專業界的政黨，既執着堅持創富信念，又積極承擔惠民責任，這種綱領主張與香港整體利益和長遠利益具有高度一致性。

第二，匯聚精英接地氣兼顧利益平衡

在民主問題上，中國與西方有不同的看法。西方認為民主就是目的本身，強調一人一票的民主權利，其民主制度以選票為中心，是一種「形式民主」，本質是「從眾不從賢」。這樣的選舉往往選出二流、三流的領導人，如美國的特朗普、烏克蘭的「喜劇演員」澤連斯基。在中國看來，民主既是目的也是手段。民主作為手段，需以達至良政善治為目的，本質是「從賢不一定從眾」，確保通過民主選舉產生賢能的治理者。香港完善選舉制度，全面落實「愛國者治港」，在一定程度上體現了中國式的民主理念。新選舉制度大大增加間接選舉的選舉委員會界別產生立法會議員的比例，並設立高規格的資格審查委員會，一個重要目的就是要確保選出賢能的治理者。也可以說，新選舉制度的一個重要特點就是：賢能精英治港，實現良政善治。

經民聯是工商專業界的政黨，與那些具有基層特色的政團相比，屬於精英型政黨，是工商專業精英的人才庫，在新選舉制度下，將會獲得更大的發展空間。全國政協副主席、港澳辦主任夏寶龍在論述管治者能力的五個標準時，專門談到要貼基層、接地氣，為民辦實事。經民聯秉持為全體香港市民謀福祉做實事的信念，極為重視所提政策主張的社會反應，希望能夠兼顧不同界別和階層的利益訴求。經民聯在與業界結伴而行，推動產業多元發展的同時，提出「十年安居願景」，力主大規模公屋重建，設立獨立於綜援的「失業援助金」，建立可持續的退休保障制度，體現了一種責任擔當。經民聯既具有精英屬性，又是一個接地氣、重視兼顧利益平衡的政黨。

重研究提建議　體現主流價值

第三，重研究提務實可行建議

政黨要在政壇有影響力，得到社會的支持，需要提出能夠影響政府決策的政策主張，這需要以政策研究作為基礎。經民聯不僅已經形成重視政策研究的風氣，而且具有一套富有成效的議員及地區骨幹與專業研究團隊合作的「雙主導」工作機制。經民聯在廣泛收集業界和地區意見的基礎上，提出多份有質量、有份量的建議及研究報告，包括構建實施大灣區金融「單一通行證」制度，加快公屋重建，改善社區環境衛生，支持工程界、金融服務界和商界對抗疫境，香港參與粵港澳大灣區和「一帶一路」建設等，受到特區政府和香港社會的重視。經民聯發布的《香港十年安居計劃》建議書，提出將香港的人均居住面積由 161 平方呎增加至 200 平方呎，更是引起廣泛關注。

第四，體現主流價值

無論是回歸前還是回歸後，工商專業界都是香港主流社會的重要成員，也是香港社會主流價值的重要體現者。不同年代有不同的主流價值，今天的經民聯堅持三方面的主流價值：

一是「一國兩制」。「一國兩制」是香港最大的特色和優勢，也是香港社會最大的公約數，當然是香港最重要的主流價值。經民聯堅定捍衛「一國兩制」，守護香港繁榮穩定的根基，堅決支持香港的國家安全立法並完善選舉制度，全面落實「愛國者治港」，希望「一國兩制」行穩致遠，50 年之後也不變。

二是推經濟、惠民生。經民聯不僅堅信，香港是一個經濟城市，香港的國際地位及對國家的最大價值由經濟地位決定，而且認同悠悠萬事，民生為大，民生是市民幸福之基、社會和諧之本。經民聯既將推經濟作為政黨綱領的重中之重，全力推動聚焦建設發展，也將惠民生作為政黨綱領追求的民本目標，致力推動解決市民安居難、退休缺乏保障、貧富懸殊擴大的深層次矛盾。經民聯弘揚「推經濟、惠民生」主流價值，就是要推動香港儘快回歸發展經濟、改善民生的正軌，建設好自己的香港家園。

三是融入國家發展大局。這是香港發展的動力和前途所在。經民聯致力與社會各界攜手，推動香港加快融入國家發展大局，以粵港澳大灣區建設為依託，以「一帶一路」建設為平台，參與「十四五」規劃，對接「雙循環」，在服務國家新一輪改革開放過程中，發揮「香港所長」，對接「國家所需」，貢獻國家，發展香港，造福港人。

提升愛國愛港力量能力建設

嚴峻的疫情提示我們，香港進入良政善治新時代，面臨許多問題和挑戰。愛國愛港力量只有提升能力建設，才能妥善應對各種考驗，擔當起「愛國者治港」的重任。一般來說，提升愛國愛港力量的能力建設，應該包括三方面的內容：一是培養提升政府管治能力；二培養提升羣眾工作能力；三是培養提升青年領導能力。

對於代表工商專業界愛國愛港的政黨來說，自然也要從三方面提升能力：一是在立法會層面積極參與香港治理，並以各種方式為特區政府管治建言獻策；二是在疏導和凝聚民意方面發揮重要作用，反映羣眾的訴求和意見，為民謀福祉，推動人心回歸；三是加強培養青年領袖人才，將物色青年骨幹的視野放得更大一些，心胸更寬一些，不僅是為愛國愛港政黨培養青年骨幹梯隊，

也是為特區管治輸送更多愛國人才，確保愛國愛港管治力量來源豐富、分布均衡，接替有序、後繼有人。

　　本書的出版，得到了商務印書館的熱心支持，在此特別表示衷心的謝意！

經民聯十周年宣言

導言

經民聯成立 10 周年，恰逢香港回歸祖國 25 年，「一國兩制」實踐進入 50 年不變的中期。《港區國安法》的實施和新選舉制度的建立，為香港創造了一個長期穩定的發展環境，香港終於迎來由亂轉治、由治及興的重大轉折，開啟了全面落實「愛國者治港」的良政善治新時代。社會各界對高票當選的新一任行政長官李家超及其領導的新一屆特區政府充滿期待，寄予厚望。

今天的香港，面臨巨大的發展機遇，也面對嚴峻的內外挑戰。在這個重要的歷史節點，所有熱愛香港的人，都應為香港這個家的發展盡一份心，出一分力，「同為香港開新篇」。經民聯自 2012 年創立以來，作為對香港懷有高度責任感的工商專業界代表，一直秉持「工商帶動經濟、專業改善民生」的理念，為香港發展盡心盡力。面對新時代、新格局，經民聯需要在成立 10 周年之際，提出新主張、新綱領，抓住新機遇，迎接新挑戰，更好地發展香港、造福港人、貢獻國家，推動「一國兩制」行穩致遠。為此，我們提出兩大口號：推經濟、惠民生，並圍繞兩大口號提出四大綱領：推動良政善治、工商專業創富、市民共享繁榮、培養治港人才。我們的願景是：「一國兩制」不僅 50 年不變，50 年之後也不變。

兩大口號
推經濟 惠民生

推經濟

香港是一個經濟城市，不僅香港的國際地位及對國家的最大價值由經濟地位決定，而且香港的社會民生問題都要靠發展經濟來解決。「一國兩制」構想提出的目的，就是在維護國家的統一和領土完整的同時，促進香港發展，保持香港國際金融、航運、貿易中心地位。聚焦建設發展始終是香港的第一要務。

經民聯將推經濟作為新綱領的重中之重：

只有推經濟，才有可能更好地融入國家發展大局，抓住粵港澳大灣區和共建「一帶一路」機遇，參與「十四五」規劃，對接「雙循環」；只有推經濟，才有可能全面提升競爭實力，應對外來挑戰，突破單邊主義的圍堵打壓，阻止資金人才外流，加快疫後經濟復甦；只有推經濟，才有可能解決香港的深層次民生難題；只有推經濟，才有可能真正展現香港在「一國兩制」事業中的最大價值。

惠民生

悠悠萬事，民生為大！民生是市民幸福之基、社會和諧之本。習近平主席有一句名言：人民對美好生活的嚮往，就是我們的奮鬥目標。經民聯認為，滿足香港市民對美好生活的追求，也應該是特區政府和社會各界為之不懈奮鬥的目標。

經民聯將惠民生作為新綱領追求的民本目標：

只有惠民生，才有可能紓解疫情造成的民困，化解多年來民生政策不足所累積的民怨，同建關愛共融社會；只有惠民生，才有可能帶動解決市民安居難、退休缺乏保障、貧富懸殊擴大的深層次矛盾，做到幼有所育、學有所教、勞有所得、病有所醫、老有所養、住有所居、弱有所扶；只有惠民生，才有可能讓市民看到安居樂業的願景，對香港這個家更有歸屬感。

經民聯新綱領提出「推經濟、惠民生」兩大口號，就是要在香港社會重新樹立「發展惠民」這個主調，推動香港儘快走出政治鬥爭的泥沼，

回歸經濟城市的定位，走上發展經濟、改善民生的正軌，切實回應香港社會對新時代搞好經濟民生的熱切期待。

四大綱領
推動良政善治　工商專業創富
市民共享繁榮　培養治港人才

推動良政善治

中央主導完善香港選舉制度，其意義不只是填補選舉制度的嚴重漏洞，更是香港治理方式的重大變革，開啟香港良政善治新篇章。良政善治是香港能否長治久安的關鍵。只有實現良政善治，才有可能應對香港複雜的政治、經濟和社會環境，適應香港作為高度開放的自由港和國際貿易、金融和航運中心的需要；只有實現良政善治，才有可能擺脫各種泛政治化爭拗乃至危機的困擾，有效落實推經濟、惠民生的新政，以回應新選舉制度下的新時代要求。

為了實現良政善治，經民聯特提出以下主張：

提升愛國愛港力量能力建設：加強基層工作的能力，加強參政議政的能力，加強掌握社情民意的能力，加強培養青年的能力；

強化政府治理能力，推動和支持特區政府銳意改革，創新思維，積極求變，加強「三種能力」：加強掌控大局的能力，加強規劃發展的能力，加強統籌行動的能力；提升「三個效率」：提升行政管理的效率，提升落實政策的效率，提升回應民意的效率；

推動和支持加強行政機關與立法機關的良性互動，既確立行政主導，又充分重視立法會的監察與質詢功能，在各項社會政治議題上，爭取最大的共識和支持；

盡快推動落實政府架構重組，拆牆鬆綁，打破官僚隔閡，加強部門溝通，提升施政效率；

推動和督促政府改變管治風格，增加官員落區次數，定期舉辦公眾諮詢活動吸納民意，強化政府委員會職能；

支持維護國家主權、安全、發展利益，盡快就《基本法》第 23 條進行本地立法，反「港獨」，反對外部勢力干預香港事務，堅守法治，加強香港社會特別是公職人員和青少年的憲法、《基本法》和《國安法》教育，全面確立與「一國兩制」相適應的尊重國家基本制度的主流意識形態，為香港的發展營造穩定的社會環境。

工商專業創富

香港具有創富的特質，被形容為會「生金蛋的鵝」。《基本法》明文規定「香港特別行政區保持自由港地位」，實行簡單低稅制，就是為了保存和發揮香港的創富優勢。雖然古語有云：不患寡而患不均，但經民聯的理念是：創富惠民，既患寡也患不均。重分配而不重創富，不是香港的傳統。只有儘力創富，香港才有足夠的經濟能力解決長期累積的民生難題；只有讓財富的源泉充分湧流，香港才有可能保持長期繁榮，市民才有可能享有充實的幸福感和獲得感。工商專業界作為本港經濟的最大持份者，是香港創富的主體力量，有能力也有信心為創富惠民、保持繁榮作出更大的貢獻。

為了實現創富，經民聯特提出以下主張：

面對全球化知識型經濟、創意經濟、高科技產業、高增值產業浪潮不斷衝擊，需要推動和支持特區政府在保持金融、航運、物流、旅遊等傳統行業競爭力的同時，加快推動經濟轉型，發展更多高增值高科技產業，為香港經濟打造更多增長點；

結伴而行　共建香港美好家園

逐步推動恢復對外正常通關，進一步強化與內地和境外的商貿聯繫；

把握「國內大循環市場」戰略機遇，設立對接「雙循環」戰略的工作機制，加強推廣香港品牌，協助「香港製造」參與「雙循環」；

進一步增加發債規模和類別，全面推動本港債券市場發展，包括推出大規模「抗疫發展債券計劃」，為推動疫後復甦籌集資金；

加強推廣本地防疫抗疫和醫療健康科技，多元發展創科，爭取在國家的支持下，加快建設港深創新及科技園和粵港澳大灣區國際科技創新中心，促進跨境創科人才交流，並在10年內把研發開支佔本地生產總值的比例提升到2.5%；

提升「再工業化」的政策定位，兼顧傳統和新興產業，制定宏觀政策藍圖，增加創科和工業用地供應；

擴大內地與港澳專業資格互認範圍，拓展「一試三證」（即：通過一個統一考試，便可取得內地、香港及國際專業組織共三項證書）安排，進一步簡化更多專業服務的培訓和考核，爭取大灣區珠三角城市制定引進香港各類專才的措施，鼓勵專業人才到粵港澳大灣區發展；

推動構建粵港澳大灣區金融「單一通行證」制度，協助業界打進大灣區市場，並持續推動各項金融互聯互通措施；

就組建「亞投行香港營運中心」，向中央提出具可行性建議，作為「一帶一路」沿線國家及企業融資發債平台；

推出升級版「中小企免息貸款計劃」，減輕貸款企業負擔，並持續優化「發展品牌、升級轉型及拓展內銷市場的專項基金」及「中小企業市場推廣基金」，完善香港出口信用保險局的支援，協助企業疫後重新出發；

在大灣區珠三角城市建立具有相當規模的「兩園兩城」，即：「香港青年創業園」、「香港創科園」、「香港商業城」和「香港長者生活城」，形成具有規模效益和較強輻射力與吸引力的園區、城區；

在「一帶一路」建設上，爭取中央協助香港企業進軍境外經貿合作區，為港商提供當地的「國民待遇」，發揮好香港「外循環」的支點角色；

確立香港作為大灣區國際仲裁中心地位，探討與粵港澳大灣區其他城市落實司法協作，完善相關的仲裁和訴訟制度；

設立20億至30億元基金，加強資助本地中小企和專業人才到粵港澳大灣區發展和創業，推廣香港品牌，配合國家「十四五」規劃和參與「國內大循環市場」；

增加資源，協助香港貿易發展局和香港旅遊發展局等機構，加快推動疫後經濟恢復工作。

市民共享繁榮

香港的繁榮，既是港人共創、共守的繁榮，更應該是港人共有、共享的繁榮。不能不看到的是，香港在繁榮璀璨的背後，卻是市民越住越貴、越住越小，人口老化、退休生活得不到保障，基層收入偏低、貧富差距不斷擴大。這與「一國兩制」之下的國際大都會地位不相稱，不利於香港社會的穩定發展，也是經民聯所不願見到的。香港只有實現共享繁榮，才有可能形成穩定良好的營商和發展環境，才有可能讓香港這個家其樂融融，才有可能使「一國兩制」事業真正達至圓滿成功。經民聯作為工商專業界的代表，希望為建設共享繁榮的社會多做些事，多出些力。

為了實現市民共享繁榮，經民聯特提出以下主張：

推動和支持特區政府制定《香港十年安居計劃》，全面提出拓地建屋的具體目標和政策措施，

提供更多安居之所，將人均居住面積由現在的172平方呎增加至200平方呎，將公屋輪候時間由現在的6.1年縮短至4年、公屋人均居住面積由145.3平方呎增加至180平方呎，不僅讓香港市民看到「十年安居願景」，而且總體統領展開香港特區的「十年安居工程」，從根本上解決市民安居的頭號民生難題，實現建構香港宜居城市的目標；

全面分析數據，解決香港劏房戶的基層生活問題，為「告別劏房」制訂路線圖，聚焦對症下藥，達致精準脫貧；

推動和支持特區政府在注意防止香港滑向福利社會的同時，為改善民生福利作出更大承擔，加大力度照顧民生，讓社會福利不僅成為維護社會穩定的社會保障安全網，更是共享繁榮社會的具體體現；

針對香港社會福利缺乏長遠規劃承擔、具有很大隨意性及短視性的問題，推動和支持特區政府對社會福利作出長遠而周全的規劃和部署，制定全面社會福利政策，定出社會福利的目標，啟動社會福利工程，建構一個經濟卓越與和諧關愛兼備的香港；

設立獨立於綜援的「失業援助金」，為失業人士提供現金津貼和轉型支援，並創造更多短期和臨時職位，協助市民就業；

構建粵港澳大灣區「一小時生活圈」，為在內地工作、生活的港人提供房屋、醫療、交通、通訊等便利；

建立可持續的退休保障制度，完善長者福利金安排，包括降低長者醫療券和生果金的受惠年齡門檻，適度增加金額，放寬公共福利金的離港限制，將「廣東計劃」和「福建計劃」安排擴展至其他省份等；

構建宜居城市，加快未來鐵路和道路規劃和建設，包括《鐵路發展策略2014》下未完成的項目、《北部都會區發展策略》內載列的各項鐵路基建、第三條連接香港南北地區的鐵路線，以及連接新界西／新界北與市區的道路網絡，配合大灣區的經濟格局和市民需要，同時完善水上交通和海濱發展；

汲取防疫抗疫的經驗，加快發展電子政務，以及持續增加各區的智慧城市基礎建設，致力打造綠色低碳的智慧社區，讓全體市民共享生活便利。

培養治港人才

「愛國者治港」是愛國愛港的人才治港。新選舉制度最重要的意義，不僅在於要求治港人士符合愛國者的標準，而且為愛國愛港人才的訓練培養和施展才華提供了廣闊空間和制度保障。香港最缺的不是企業家，也不是專業人才，而是政治人才及政治家。實現良政善治，人才是關鍵，必須培養大量愛國愛港、不同年齡層的政治人才。經民聯作為愛國愛港的主要政黨，是工商專業精英的人才庫。為全面落實「愛國者治港」培養和輸送管治人才，是經民聯義不容辭的責任和目標。

為了培養治港人才，經民聯特提出以下主張：

推動和支持特區政府吸納工商專業人才，在特區政府架構內為工商專業人士設立「掛職」鍛煉平台，委任更多工商專業青年精英加入政府諮詢組織，並在特區政府的公務員學院為工商專業人士設立培訓機制，以訓練和選拔管治人才；

推出更多鼓勵措施，保留和輸入更多工商專業人才，維持香港的競爭力；

爭取國家支持，儘快落實在大灣區內地城市的政府部門為香港公務員提供交流培訓，並進一

步開放「掛職」機會予愛國愛港政黨社團的領導骨幹、工商專業精英人士，不僅加強香港政治人才對國情的認識，而且通過深入了解內地城市的管理和運作方式，吸納治理經驗；

加強愛國愛港的政黨與社團在培養政治人才方面的合作，為特區政府選拔、培養、輸送管治人才；

鼓勵和支持工商界捐贈款項設立基金，資助香港的青年精英到內地和海外接受培訓，以培養愛國愛港的青年領袖和管治人才；

設立「港青大灣區 e 通道」，為香港青年到內地升學提供優惠鼓勵政策，推動香港青年到內地就業和實習，從而建立熟悉內地發展的青年人才庫，為培育未來政經領袖打好基礎。

結語

不忘初心，方得始終。香港經濟民生聯盟的名稱，本身就包括「經濟民生」的核心理念與初心。多年來，經民聯憑着各自的專業背景和工作熱忱，服務業界和地區居民，為他們排難解紛，與社會各界攜手前行。經民聯感恩各界關顧，得到越來越多新知舊雨的支持，一步一個腳印，逐步成長，成為香港重要的建設力量。香港是 750 萬港人的共同家園，香港這個家已經遭受重創，沒有繼續內耗折騰的本錢。經民聯始終堅持「推經濟、惠民生」，與每一位珍惜和愛護香港這個家的香港人，同心協力，共同守護好、建設好我們的香港家園！

結伴而行篇

第一篇

與政府結伴而行
建設香港
美好家園

特區政府是執政者，建制派政黨要將自身的政策建議成功推動落實，建設香港美好家園，必須與特區政府合作，結伴而行。經民聯一直與特區政府保持良好的合作互動關係，官民攜手發展經濟、改善民生；在《施政報告》和《財政預算案》發表前，經民聯總是獻計獻策，向行政長官、財政司司長及各局長提出全面系統的施政建議，大量的政策建議得到接納；經民聯還參與、配合特區政府組織的政制發展諮詢，支持特區政府依法施政。

1. 提交《施政報告》和《財政預算案》建議

提交《施政報告》建議書

自 2012 年起，經民聯每年均會與行政長官會面，提交《施政報告》建議書，促請特區政府發展經濟，改善民生；其中多項建議得到政府採納。

2013 年建議書主題：「創意‧上游‧香港未來！」

左起：石禮謙、張華峰、梁美芬、梁君彥、林健鋒、盧偉國

2014 年建議書主題：「團結香港 跨步向前」

2015 年建議書主題：「把握機遇 籌劃未來」

左起：張華峰、林健鋒、梁君彥、盧偉國、梁美芬

2016 年建議書主題：「多元發展 成果共享」

左起：梁美芬、盧偉國、梁振英、林健鋒、張華峰

2017 年建議書主題：「新思有為 共迎機遇 發展惠民」

2018 年建議書主題：「把握機遇 創新前行 共享成果」

左起：張華峰、林建岳、林鄭月娥、盧偉國、林健鋒、梁美芬

2019 年建議書主題：「共建和諧 聚焦經濟 改善民生 重新出發」

左起：梁美芬、張華峰、林建岳、林鄭月娥、盧偉國、林健鋒、吳永嘉

2020 年建議書主題：「拼經濟 保民生 衝出『疫』境」

左起：石禮謙、梁美芬、盧偉國、林鄭月娥、林建岳、林健鋒、張華峰、吳永嘉

2021 年建議書主題：「開發土地 造福香港」

左起：石禮謙、張華峰、梁美芬、林健鋒、林鄭月娥、林建岳、盧偉國、劉業強、吳永嘉

結伴而行 共建香港美好家園

提交《財政預算案》建議書

自 2012 年起，經民聯每年均會與財政司司長會面，提交《財政預算案》建議書，建議涵蓋工商、金融、創科、房屋等議題；其中多項建議得到政府採納。

2013 年建議書主題：「創意‧上游‧香港未來！」

左起：石禮謙、張華峰、梁美芬、梁君彥、林健鋒、盧偉國

2014 年建議書主題：「團結香港 跨步向前」

左起：張華峰、石禮謙、林健鋒、梁君彥、劉皇發、梁美芬、盧偉國

2015 年建議書主題：「把握機遇 籌劃未來」

2016 年建議書主題：「多元發展 成果共享」

左起：梁美芬、盧偉國、林健鋒、張華峰

2017 年建議書主題：「發展工商 成就專業 惠澤民生」

左起：梁美芬、林健鋒、林建岳、陳茂波、盧偉國、張華峰

2018 年建議書主題：「積極籌謀 發展經濟 建構明日」

左起：劉怡翔、梁美芬、張華峰、盧偉國、陳茂波、林建岳、林健鋒、劉業強、吳永嘉、陳浩濂

2019 年建議書主題：「撐商保民 振興經濟 恢復元氣」

2021 年建議書主題：「重振經濟 改善民生」

左起：石禮謙、劉業強、張華峰、梁美芬、盧偉國、陳茂波、林建岳、林健鋒、許正宇、吳永嘉

結伴而行 共建香港美好家園

2. 參與政制發展諮詢

辦政改諮詢座談會

特區政府就「2017年行政長官選舉及2016年立法會選舉方案」展開公眾諮詢，經民聯於2014年1月14日於總部舉辦座談會，邀請政務司司長林鄭月娥、政制及內地事務局局長譚志源及副局長劉江華擔任主講嘉賓。

辦第二輪政改諮詢座談會

2015 年 1 月 29 日，經民聯舉辦「第二輪政改諮詢座談會」，主講嘉賓包括政務司司長林鄭月娥、政制及內地事務局局長譚志源、經民聯主席梁君彥及副主席林健鋒。

夥官員落區宣傳政改方案

2015 年 4 月 29 日，經民聯領導層和區議員聯同政務司司長林鄭月娥和財經事務及庫務局局長陳家強，到荔枝角向市民宣傳政改方案。

反對削「個人遊」旅客數目

2014 年 6 月 16 日，經民聯主席梁君彥、副主席林健鋒和盧偉國，聯同旅遊、酒店、零售、主題公園、航運、餐飲等業界代表，向財政司司長曾俊華反映對內地旅客「個人遊」意見，明確表達反對削減「個人遊」旅客數目的要求。

提建議應對「佔中」影響經濟

2014 年 12 月 17 日，經民聯監事會主席林建岳等領導層聯同旅遊、零售、飲食、汽車及證券界代表，與財政司司長曾俊華會面，針對「佔中」影響經濟和打擊港人士氣，提出多項建議。

促紓緩「一周一行」負面影響

2015 年 4 月 29 日，經民聯立法會議員聯同旅遊業界約見商務及經濟發展局局長蘇錦樑，促請政府採取措施紓緩「一周一行」的負面影響。

夥業界提振興經濟建議

2015 年 12 月 21 日，經民聯監事會主席林建岳等領導聯同旅遊、零售、飲食及運輸業界代表，與財政司司長曾俊華會面，提出多項建議，期望能找到好的「治療」方法，振興經濟。

向候任特首提 40 多項施政期望

2017 年 4 月 28 日，經民聯監事會主席林建岳等領導、區議員、青委會成員及業界代表與候任行政長官林鄭月娥會面，提出 40 多項施政期望。

結伴而行　共建香港美好家園

交《財政預算案》補充建議促快紓困

2020 年 2 月 19 日，經民聯領導層向財政司司長陳茂波提交《財政預算案》補充建議，指出企業和僱員齊受疫情影響，不反對全民派錢儘快紓困。

促抗疫基金簡化手續兼加碼

2020 年 3 月 4 日，經民聯立法會議員與政務司司長張建宗會面，促請特區政府就「防疫抗疫基金」簡化手續快速支付，並呼籲加碼支援未及受惠行業。

籲「開水喉」救中小企

2020 年 4 月 2 日，經民聯副主席林健鋒聯同製造業及進出口業界代表，與行政長官林鄭月娥會面，促請政府儘快「開水喉救火」，避免中小企資金鏈斷裂，否則有即時倒閉危機。

晤司局長提抗疫基金建議

2020 年 4 月 22 日，經民聯立法會議員與政務司司長張建宗、勞工及福利局局長羅致光會面，就政府第二輪防疫抗疫基金的紓困措施提出進一步建議。

倡打造創新經濟板塊

2020 年 4 月 27 日，經民聯立法會議員與創新及科技局局長薛永恒會面，希望局方能藉着創科，打造香港的創新經濟板塊，以改善本港營商環境。

助中小券商爭取發展空間

2020 年 7 月 13 日，經民聯副主席張華峰聯同金融服務界代表會晤財經事務及庫務局局長許正宇，促請協助中小券商爭取生存發展空間。

4. 力爭當局覓地建屋

表達土地政策、樓宇維修意見

2015 年 4 月 13 日，經民聯副主席林健鋒與地區成員約見發展局局長陳茂波，就土地政策及樓宇維修表達意見。

晤局長反映房屋交通問題

2017 年 12 月 1 日，經民聯主席盧偉國聯同地區成員與運輸及房屋局局長陳帆會面，就各區的房屋及交通問題提出意見。

結伴而行　共建香港美好家園

邀局長視察石硤尾邨促重建

2018 年 6 月 3 日，經民聯邀請運輸及房屋局局長陳帆到石硤尾邨實地視察，聆聽街坊意見；經民聯促政府把握「黃金機會」，儘快重建舊屋邨。

促改善地區房屋交通

2019 年 8 月 21 日，經民聯主席盧偉國聯同地區成員與運輸及房屋局局長陳帆會面，就各區的房屋及交通問題提出意見。

關注劏房租管

2021 年 4 月 21 日，經民聯主席盧偉國、副主席林健鋒及梁美芬與運輸及房屋局副局長蘇偉文會面，討論劏房租管事宜。

結伴而行　共建香港美好家園

與官員共商新界北發展

2021 年 5 月 5 日，經民聯主席盧偉國、副主席林健鋒及劉業強與發展局等官員會面，討論新界北發展。

關注元朗規劃發展

2021 年 6 月 2 日，經民聯主席盧偉國、副主席劉業強和地區成員與發展局副局長廖振新會面，討論元朗區規劃發展。

5. 官民合作改善民生

關注廢物收費安排

2017 年 3 月 22 日，經民聯立法會議員與環境局局長黃錦星
會面，了解「都市固體廢物收費」落實安排及進展。

考察西九文化區地盤

2020 年 1 月 13 日，經民聯主席盧偉國及副主席林健鋒到西九文化區地盤考察。

第二篇

與市民結伴而行
促進施政
貼近民情

政府施政要得到市民支持，必須貼近民心、民情、民意。經民聯以全港市民利益為依歸，與市民結伴而行，重視照顧跨階層、跨界別、跨區域訴求，關顧基層民生，提出大量惠民政策建議，促進政府施政貼近民情。經民聯亦探訪基層弱勢社羣，關注市民需要；與各界攜手抗疫，共渡難關戰勝疫情；在多區設辦事處，緊密連繫社區；舉辦各種活動共慶佳節，與民同樂。

1. 探訪基層　造福市民

開展「惠食舍計劃」平賣食品

2013 年 1 月 26 日經民聯「惠食舍—食物顯關懷計劃」沙田站開始運作，由沙田鄉事委員會借出場地，經民聯主席梁君彥，副主席林健鋒、張華峰與一眾義工售賣價格相宜的食品，價格低於市面兩至三成，吸引不少街坊到場選購。

向基層長者送贈毛衣

2013 年 2 月 3 日，經民聯主席梁君彥、副主席盧偉國及林健鋒聯同聯盟的區議員和
社區幹事到沙田禾輋邨參與「新春寒衣獻長者」活動，向邨內的「老友記」送贈毛衣，
又派發經民聯「福」字揮春，祝賀各位蛇年吉祥、福壽康寧。

探望鄉村長者

2013 年 12 月 27 日，經民聯主席梁君彥到鄉村探望一班長
者，並為他們送上自家製溫暖牌毛衣。

「冰桶挑戰」為漸凍症患者籌款

2014 年 8 月 22 日，經民聯監事會主席林建岳、主席梁君彥、副主席林健鋒在為「肌肉萎縮性脊髓側索硬化症」（ALS）患者籌款的冰桶挑戰（Ice Bucket Challenge）中齊齊上陣。

邀局長了解「惠食舍計劃」運作

2014 年 8 月 26 日，商務及經濟發展局局長蘇錦樑到經民聯與沙田鄉事委員會合辦的「惠食舍 — 食物顯關懷計劃」參觀，實地了解運作情況。

工展會設攤位宣揚「惜食」

經民聯於工展會設立「經民綠惜工房」攤位，將「惜食」訊息帶進家庭。多位嘉賓於2014年12月13日為一連3日的活動揭開序幕，包括環境局局長黃錦星、香港中華廠商聯合會會長施榮懷、經民聯副主席林健鋒、經民聯執委王樂得和環保科技聯盟理事李文標。

向長者送贈圍巾暖蛋

經民聯主席梁君彥、副主席林健鋒聯同經民聯沙田區議員莫錦貴及地區成員，於
2014 年 12 月 23 日在沙田禾輋邨展開送暖行動，將裝有禦寒圍巾和「暖暖手蛋」的福
袋送到有需要的長者手中。

為港祈福抵制暴民政治

2016 年 2 月年初一晚，旺角發生了嚴重的通宵暴亂，經民聯於 2 月 12 日起在社區發起簽名活動，呼籲市民攜手同心，為香港的平安祈福，抵制暴民政治。

辦防止兒童自殺講座

2016 年 3 月 19 日，經民聯舉辦防止兒童自殺講座，邀請註冊臨床心理學家趙思雅為主講嘉賓，經民聯葵青區議員譚惠珍、李志強、黃耀聰出席活動。

譴責偷拍哺乳婦女

因應有的士司機疑偷拍哺乳媽媽相片並放上互聯網的行為，經民聯副主席兼立法會議員梁美芬與婦女團體代表於 2016 年 12 月 5 日一同發起活動，譴責有關行為，並呼籲的士業界尊重乘客私隱權，以及希望社會大眾支持母乳餵哺。

發布街道公共衛生調查

經民聯副主席兼地區事務委員會主席梁美芬於 2017 年 1 月 9 日聯同經民聯九龍城區議員張仁康、社區幹事公布街道及公共衛生情況問卷調查結果。

結伴而行 共建香港美好家園

辦寵物墟市宣揚愛護動物

由保護動物組織 Paws Hero、經民聯青年事務委員會和經民聯油尖旺辦事處主辦的
「Paws Hero 愛動物‧真英雄啟動禮暨寵物墟市 2017」，於 2017 年 3 月 12 日在旺角
麥花臣球場舉行。出席活動的主要嘉賓包括 Paws Hero 動物英雄聯盟主席林顥伊，經
民聯副主席兼地區事務委員會主席梁美芬，經民聯青委會副主席黃舒明、林凱章、
黃永威及經民聯區議員陳少棠、陳灶良等。

合辦體育活動同樂日

由經民聯、大埔動力及 SunActSports 聯合主辦的「體育活動同樂日」在 2017 年 6 月 4 日於大埔墟體育館舉行。出席活動的主禮嘉賓包括民政事務局體育專員楊德強，中聯辦新界工作部副部長葉虎，經民聯主席盧偉國，副主席兼地區事務委員會主席梁美芬，副主席劉業強，經民聯區議員莫錦貴、陳灶良、李華光、羅曉楓等。

結伴而行 共建香港美好家園

辦「我愛香港」兒童填色賽

經民聯社會服務隊於 2017 年 7 月 31 日在尖沙咀文化中心為「我愛香港」兒童填色比賽舉行頒獎禮暨優秀作品展。出席頒獎禮的嘉賓包括李家仁醫生，香港視藝創新教育學會主席陳雪儀，經民聯青委會副主席兼油尖旺區議會副主席黃舒明、青委會副主席林凱章、社區顧問李祺逢。

林村辦「動物許願節」

經民聯於 2018 年 3 月 18 日在大埔林村許願廣場舉行第二屆「動物許願節」，宣揚愛護動物的訊息。出席活動的成員包括經民聯主席盧偉國，青委會副主席林顥伊，區議員莫錦貴、陳灶良、李華光及羅曉楓。

辦石硤尾邨居民大會推動重建

有 40 多年歷史的石硤尾邨，不少單位日久破損。經民聯於
2018 年 5 月 20 日舉辦深水埗石硤尾邨居民大會，聆聽當區
居民對居所存在的問題及舊屋邨重建的意見。出席者包括
經民聯主席盧偉國，副主席梁美芬，秘書長石禮謙，深水埗
區議員陳國偉、梁文廣。

結伴而行 共建香港美好家園

發布學生午餐質素調查

經民聯副主席兼立法會議員梁美芬於 2018 年 5 月 28 日聯同李家仁兒科醫生，經民聯油尖旺區議會副主席黃舒明，深水埗區議員梁文廣及地區幹事黃永威發布「學生午餐質素」調查結果。

邀局長視察促儘快重建公屋

經民聯繼舉辦石硤尾邨居民大會後，於 2018 年 6 月 3 日邀請運輸及房屋局局長陳帆到石硤尾邨實地視察。經民聯主席盧偉國，副主席林健鋒，深水埗區議員陳國偉、梁文廣陪同陳局長先後視察了石硤尾邨第 19、20 座、邨內球場和街市等設施。經民聯成員實地向陳局長分析該區重建潛力，又向陳局長遞交信件，表達石硤尾邨居民要求「重建屋邨，原區安置」的期望。

收集簽名促長者學生高鐵半價

經民聯於 2018 年 6 月 5 日啟動「我要高鐵　長者／學生半價簽名大行動」，擺設街站收集市民簽名，向特區政府及相關機構表達高鐵減票價、開通網上購票及長者／學生票半價優惠等訴求。

發布急症室輪候情況調查

經民聯油尖旺區議員陳少棠、社區幹事李思敏以及衛生健康
事務委員會召集人龐朝輝醫生於 2019 年 1 月 6 日發布「公
立醫院急症室輪候情況」調查結果。

結伴而行　共建香港美好家園

為動物許願祈福

經民聯第三屆「動物許願節」在 2019 年 2 月 23 日於大埔林村許願廣場舉行，啟動禮的嘉賓包括中聯辦新界工作部副部長謝錦文，大埔林村許願廣場副主席張振邦，香港藥學會會長及健康連線主席龐愛蘭，經民聯主席盧偉國、青年事務委員會副主席林顥伊，經民聯大埔區議員陳灶良和李華光等。

促港鐵增特惠站折扣加碼

經民聯元朗區議員王威信，葵青區議員黃耀聰、李志強、譚惠珍及地區成員，於 2019 年 5 月 22 日到九龍灣港鐵總部請願，並向港鐵代表遞交請願信，促請港鐵增加特惠站數目及提高特惠站的折扣優惠至 3 元，減輕市民交通費負擔。

結伴而行　共建香港美好家園

2. 攜手抗疫　共渡難關

疫情初期促派包機接內地港人

自湖北省爆發新型冠狀病毒肺炎以來，當地對外交通自
2020 年 1 月 23 日開始停頓，逾 2,000 名港人滯留省內 30 個
城市已逾 3 星期，經民聯於 2020 年 2 月 17 日再次對滯留港
人的情況表達關注，呼籲香港特區政府儘快派出包機，先接
回在省會武漢市的港人，然後分階段接載其餘港人回港。

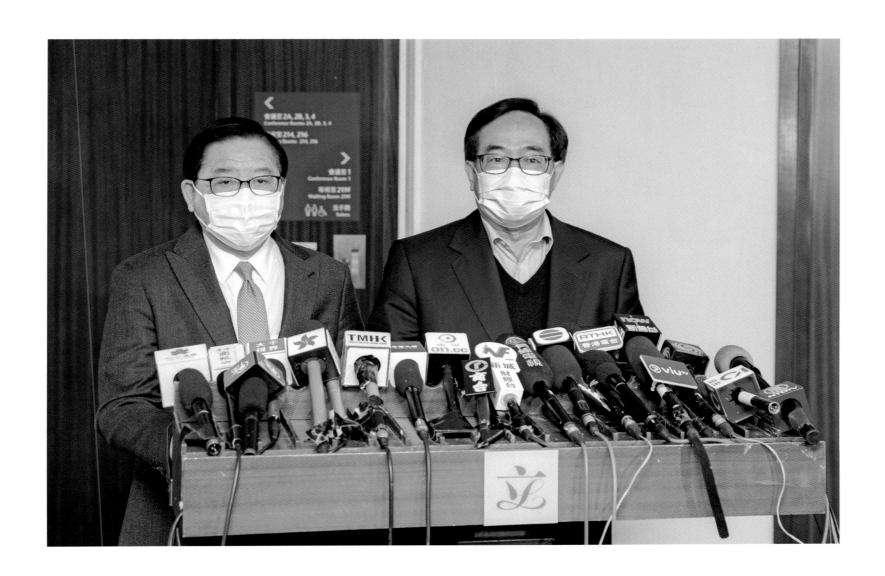

落區派抗疫物資

2020 年 2 月 29 日，經民聯副主席梁美芬在家維邨派發抗疫物資給街坊。

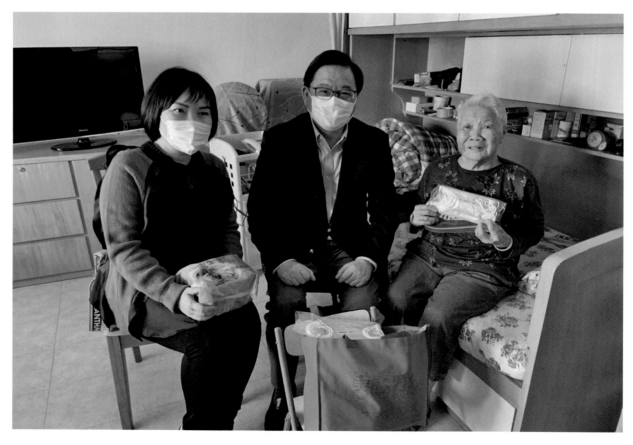

2020 年 3 月 3 日，經民聯副主席林健鋒探訪長者並派發防疫物資。

2020 年 3 月 5 日，經民聯主席盧偉國到地盤派發口罩給工作人員。　　　2020 年 3 月 12 日，經民聯副主席張華峰向街坊派發防疫物資。

2020 年 3 月 3 日，經民聯副主席劉業強派發防疫物資給街坊。

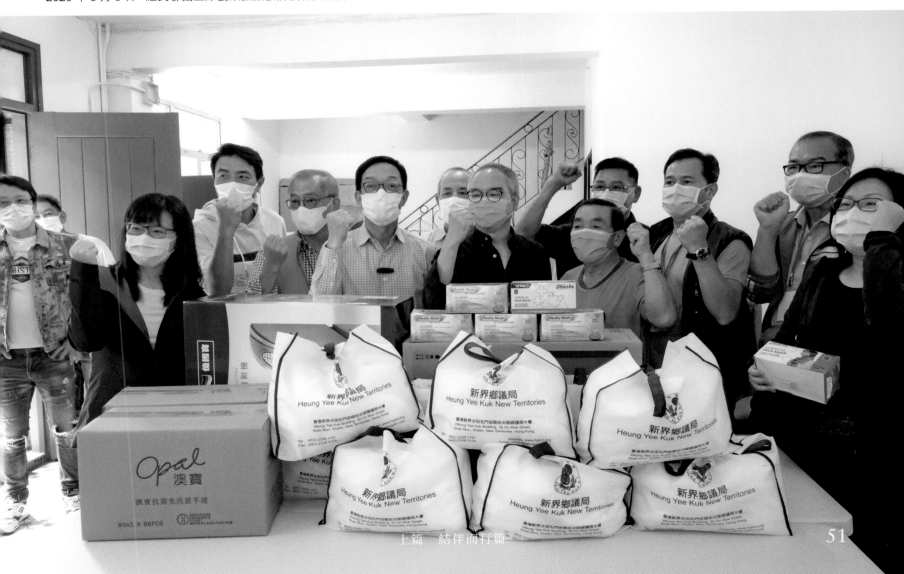

轉贈愛心飯盒關愛基層

港區省級政協委員聯誼會於 2020 年 11 月 27 日由該會主席
鄭翔玲、會長施榮懷代表向經民聯捐贈 2 萬個愛心飯盒，由
經民聯監事會主席林建岳、主席盧偉國接收。

3. 設辦事處　連繫社區

新界西支部辦事處開幕

2013 年 9 月 30 日，位於荃灣的經民聯新界西支部辦事處開幕，政務司司長林鄭月娥，中聯辦新界工作部部長劉林擔任主禮嘉賓。

深水埗地區辦事處開幕

經民聯位於深水埗的地區辦事處於 2014 年 3 月 29 日正式開幕。食物及衛生局局長高永文，環境局局長黃錦星，中聯辦九龍工作部部長何靖，行政長官辦公室主任邱騰華等多位嘉賓蒞臨主禮。

沙田支部開幕

經民聯位於沙田禾輋邨的莫錦貴區議員辦事處暨經民聯沙田支部，於 2014 年 12 月 6 日正式投入服務。運輸及房屋局局長張炳良，政制及內地事務局局長譚志源，中聯辦新界工作部副部長楊小嬋，經民聯主席梁君彥、榮譽主席劉皇發等領導，及一眾經民聯區議員和地區幹事等多位嘉賓到場祝賀。

結伴而行 共建香港美好家園

宣傳車遊走各區辦講座

2014 年 12 月 16 日，經民聯舉辦宣傳車啟動禮暨首場社區講座活動，經民聯副主席張華峰、恒豐證券研究董事林家亨及一眾經民聯區議員、地區幹事及會員等出席剪綵儀式。

義工遊灣區交流經驗

2015 年 7 月 25 日，經民聯舉辦為期 2 天的義工交流團，前往中山和珠海遊覽，讓不同社區的義工聚首交流，分享經驗。

油尖旺辦事處開幕

位於佐敦的經民聯油尖旺辦事處於 2016 年 11 月 12 日正式開幕，蒞臨主禮的政務司司長林鄭月娥，食物及衛生局局長高永文，中聯辦九龍工作部部長何靖，民政事務局政治助理徐英偉，油尖旺民政事務專員蔡亮等嘉賓，與經民聯監事會主席林建岳、主席盧偉國、副主席林健鋒、副主席兼地區事務委員會主席梁美芬，以及一眾經民聯區議員共同為辦事處進行開幕儀式。

九龍城辦事處開幕

2018 年 4 月 8 日，經民聯位於德朗邨的九龍城辦事處暨梁美芬、張仁康議員辦事處隆重開幕。蒞臨開幕儀式的嘉賓包括政務司司長張建宗，民政事務局局長劉江華，教育局局長楊潤雄，中聯辦九龍工作部副部長盧寧，九龍城民政事務專員郭偉勳，九龍城區議會主席潘國華，經民聯監事會主席林建岳、榮譽主席梁君彥、副主席兼地區事務委員會主席梁美芬，港區全國人大代表洪為民，以及一眾經民聯區議員。

4. 與民同樂　共慶佳節

沙田設年宵攤位

經民聯於沙田開設的年宵攤位於 2013 年 2 月 5 日正式開幕，經民聯主席梁君彥、副主席林健鋒、盧偉國和梁美芬一同出席開幕儀式，並邀請政制及內地事務局局長譚志源和民政事務局副局長許曉暉擔任嘉賓，向市民提早拜年。

新春拜年派「金幣」

經民聯副主席盧偉國與地區成員於 2013 年 2 月 12 日年初三，化身財神和福、祿、壽三星降臨大埔，於大埔墟港鐵站外向街坊拜年，期間大派朱古力金幣利是，向市民送上祝福。

親子製蛋糕慶母親節

2013 年 5 月 11 日，經民聯於祖堯邨舉行「親子 Cupcake 獻母親」活動，經民聯副主席盧偉國與當區的小朋友和家長一同製作紙杯蛋糕，慶祝母親節。

落區派月餅賀中秋

2013 年 9 月 14 日，經民聯秘書長石禮謙聯同地區成員到馬鞍山新港城，向街坊送上聯盟訂製的月餅。

維園設年宵攤位

2014 年 1 月 26 日，經民聯於維園開設的年宵攤位開幕，主席梁君彥、副主席林健鋒和盧偉國與政制及內地事務局局長譚志源及保安局局長黎棟國一同主持開幕儀式。

林村辦新春盆菜宴

2014 年 2 月 23 日，經民聯於大埔林村舉行「新春盆菜宴」，監事會主席林建岳等領導及地區成員，與近 2,000 名街坊好友同慶新春。

辦雙親節千人午宴

2014 年 5 月 4 日，經民聯與西九新動力合辦雙親節午宴，在紅磡一間酒樓舉行，過千名街坊好友歡聚一堂，共同慶祝雙親節。經民聯主席梁君彥、經民聯立法會議員梁美芬與來自深水埗、九龍城、油尖旺的街坊提早慶祝父母親節。

舉行「向媽媽致敬」活動

2014 年 5 月 11 日母親節，經民聯舉行「向媽媽致敬」活動，副主席盧偉國與經民聯立法會議員梁美芬聯同多位經民聯區議員，分別在青衣和大埔區，與街坊共慶溫情滿載的母親節。

花墟設年宵攤位

2015 年 2 月 15 日，經民聯在旺角花墟的年宵攤位舉行啟動禮，副主席林健鋒、盧偉國和經民聯立法會議員梁美芬親臨打氣，更邀得勞工及福利局局長張建宗作主禮嘉賓，以賀年揮春向市民送上祝福。

200 圍盆菜宴賀新春

2015 年 3 月 14 日，經民聯筵開 200 席盆菜宴，政務司司長林鄭月娥，中聯辦新界工作部部長劉林，九龍工作部副部長劉國強，經民聯監事會主席林建岳，主席梁君彥，榮譽主席劉皇發，副主席林健鋒和盧偉國，經民聯立法會議員梁美芬等擔任主禮嘉賓。

舉行親子嘉年華

2015 年 5 月 10 日，經民聯於青衣海濱公園舉行親子嘉年華和填色比賽頒獎禮，與街坊共慶佳節。嘉年華並設有優異作品展覽、攤位遊戲、魔術和小朋友歌舞表演。經民聯副主席盧偉國出席活動主禮。

派愛心糉慶端午

2015 年 6 月 16 日，經民聯副主席張華峰到地區街站，參與派愛心糉活動。

結伴而行　共建香港美好家園

「一地兩點」年宵攤位啟市

2016 年 2 月 2 日（年廿四），經民聯年宵攤位「一地兩點」正式啟市，經民聯監事會主席林建岳、副主席林健鋒、經民聯立法會議員梁美芬親臨現場外，還邀得政務司司長林鄭月娥和民政事務局副局長許曉暉為經民聯年宵攤位舉行啟動禮。

扮「財神」落區拜年

2016 年 2 月 10 日大年初三，經民聯副主席盧偉國化身成「財神」，與經民聯立法會議員梁美芬及化身成「祿星」的九龍城區議員張仁康，聯同一班義工，在紅磡齊齊向市民拜年。

港鐵站演奏樂器

2016 年 2 月 16 日，經民聯副主席、立法會議員盧偉國與港鐵公司副總監（車務營運）劉天成等 6 位工程師，在港鐵香港站中環行人隧道演奏多種樂器，祝賀市民新春快樂。

盆菜宴維繫街坊友好

經民聯於 2016 年 2 月 20 日在深水埗保安道遊樂場筵開近 200 席盆菜宴，與超過 2,000 名全港各區街坊友好聚首一堂。聯盟邀得政制及內地事務局局長譚志源，食物及衛生局局長高永文，中聯辦新界工作部部長劉林，中聯辦九龍工作部副部長劉國強，經民聯監事會主席林建岳，主席梁君彥，副主席林健鋒、盧偉國和張華峰，以及經民聯立法會議員梁美芬為活動擔任主禮嘉賓。

派花慶母親節

2016 年 5 月 8 日，經民聯副主席盧偉國、經民聯立法會議員梁美芬向街坊派花，慶祝母親節。

舉行新春盆菜宴暨義工嘉許禮

2017 年 1 月 8 日，經民聯舉行新春盆菜宴暨義工嘉許禮，在土瓜灣遊樂場筵開超過 200 席，聯盟立法會議員、區議員、社區幹事、青委及近 3,000 名來自全港各區的街坊友好一起共進盆菜宴，並邀得政制及內地事務局局長譚志源，食物及衛生局局長高永文，中聯辦九龍工作部部長何靖，中聯辦新界工作部副部長張肖鷹，經民聯監事會主席林建岳、主席盧偉國、副主席林健鋒、副主席兼地區事務委員會主席梁美芬、青年事務委員會主席梁宏正等主禮。

年宵賣黃鴨重溫集體回憶

2017 年 1 月 22 日（年廿五），經民聯在維園的年宵攤位舉行開幕禮，攤位主題為「香港一定 Duck」。是次維園年宵攤位售賣陪伴港人成長迄今近 70 載的經典小黃鴨精品，與市民一起重溫香港的集體回憶。開幕禮主禮嘉賓包括食物及衛生局局長高永文，民政事務局副局長許曉暉，經民聯榮譽主席梁君彥、主席盧偉國、副主席林健鋒、副主席兼地區事務委員會主席梁美芬，以及經民聯青年事務委員會顧問張俊勇，主席梁宏正，副主席黃舒明、林凱章、黃永威。

結伴而行 共建香港美好家園

新春花車巡遊全港

2017 年 1 月 30 日（大年初三），經民聯主席盧偉國化身成「財神」，聯同「福」、「祿」雙星，與副主席兼地區事務委員會主席梁美芬、區議員及青委會成員，專程乘坐新春花車巡遊全港多區，齊齊向市民拜年。

辦和諧嘉年華賀回歸廿載

經民聯於 2017 年 11 月 5 日在沙田主辦「共建社會和諧嘉年華會」，與市民一齊慶祝香港回歸 20 周年及經民聯成立五周年。嘉年華會除設有經民聯青年內地交流團展覽區和不同主題的攤位，更呈獻多項精彩表演，並有懷舊美食和手工藝品製作。

新春辦 3,000 人盆菜宴

經民聯新春盆菜宴暨義工嘉許禮於 2018 年 2 月 3 日在深水埗隆重舉行，邀得政務司司長張建宗，中聯辦副主任何靖，民政事務局局長劉江華，中聯辦九龍工作部副部長劉國強，經民聯主席盧偉國、副主席梁美芬、經民聯區議員等主禮，並與近 3,000 名來自全港各區的街坊、義工友好一起品嚐盆菜，共慶新春。

年宵攤位推廣保護動物

經民聯與 Paws Hero 動物英雄聯盟於 2018 年 2 月 11 日在維園舉行年宵攤位啟動禮，主禮嘉賓包括民政事務局副局長許曉暉，經民聯榮譽主席梁君彥，主席盧偉國，副主席林健鋒、梁美芬，Paws Hero 動物英雄聯盟主席兼經民聯青委會副主席林顯伊，青委會副主席黃永威及經民聯地區成員。

結伴而行　共建香港美好家園

年宵攤位與民同慶新春

經民聯於 2019 年 2 月 1 日為在維園開設的年宵攤位舉行開幕禮，主禮嘉賓包括財政司司長陳茂波，民政事務局局長劉江華，食物及衛生局局長陳肇始，經民聯監事會主席林建岳、榮譽主席梁君彥、主席盧偉國、副主席林健鋒、副主席兼地區事務委員會主席梁美芬、副主席吳永嘉、秘書長石禮謙，以及經民聯青委會主席梁宏正，副主席林顥伊、黃永威、梁文廣等。

連辦多年盆菜宴饗街坊義工

經民聯新春盆菜宴暨義工嘉許禮於 2019 年 2 月 16 日在深水埗保安道遊樂場舉行，邀得政務司司長張建宗，中聯辦九龍工作部部長郭亨斌，中聯辦新界工作部部長李薊貽，經民聯監事會主席林建岳，榮譽主席梁君彥，主席盧偉國，副主席林健鋒、梁美芬，港區人大代表洪為民及區議員等主禮嘉賓為醒獅「簪花掛紅」，為盆菜宴揭開序幕。

派花致敬偉大母親

2021 年 5 月 9 日母親節，經民聯副主席梁美芬聯同多位經民聯地區成員，於各區舉行派花活動，與市民一同向偉大的母親致敬。

第三篇

與業界結伴而行
推動產業
多元發展

經民聯以「工商帶動經濟、專業改善民生」為宗旨，與業界結伴而行，推動產業多元發展。經民聯積極反映業界的困難和訴求，成功爭取特區政府不斷推出連串支援措施，包括：疫情期間「開水喉」避免企業資金鏈斷裂，為企業作全額貸款擔保；撤銷非住宅物業雙倍印花稅；放寬按揭成數；在「專業服務協進支援計劃」下預留 5,000 萬元加強推廣專業服務；協助港商進軍內地大型電商平台等等。

1. 支持工商帶動經濟

辦未來能源組合座談會

2014 年，政府就本港未來發電燃料組合方案進行公眾諮詢，經民聯於 6 月 9 日舉辦「香港未來能源組合座談會」，邀請環境局局長黃錦星等多位嘉賓作主題演講和討論，代表不同持份者，從不同角度分享對發電燃料組合的看法，並對本港能源自主權、電價走勢、天然氣價格及供應、碳排放等議題作出討論。

結伴而行 共建香港美好家園

夥商界辦強積金對沖論壇

經民聯於 2014 年 12 月 10 日，聯同 14 個本港主要商會，合辦「強積金對沖機制論壇」，邀請工商界代表及學者，探討一旦取消強積金對沖安排對香港經濟和社會的影響，有超過 300 人出席。與會的商會、中小企及行業代表一致反對在未有數據及社會共識前取消對沖安排。

與印度商會交流

2016 年 5 月 9 日，經民聯副主席林健鋒參與印度商會活動，
與主席司徒偉及商會成員會面交流。

成立關注退保強積金聯席會議

2016 年 6 月 14 日，經民聯和 15 個主要商會成立的「工商界
關注退保及強積金事宜聯席會議」，就退休保障諮詢向政務
司司長林鄭月娥遞交意見書。

結伴而行 共建香港美好家園

與中小企聯會交流

2016 年 8 月 29 日，香港中小型企業聯合會拜訪經民聯，經民聯主席梁君彥與香港中小型企業聯合會永遠榮譽主席劉達邦等成員會面。

邀特首參選人晤工商專業界別

經民聯及工商專業界別的選委和業界代表分別於 2017 年 1 月 25 日及 2 月 9 日與 4 位行政長官參選人會面及座談，反映聯盟及業界關注議題，會上雙方就香港經濟發展和民生等議題進行討論和交流。

參觀工展會滿載而歸

經民聯領導層 2018 年 12 月 28 日到維園參觀第 59 屆工展會，在香港中華廠商聯合會會長吳宏斌等領導陪同下，到訪多個展覽攤位，多位經民聯成員又即場掏腰包購買心頭好，包括廚具、腰果、蜜糖和罐裝鮑魚等，滿載而歸。

辦支援中小企應對挑戰講座

2019 年，香港中小企面對各方面的經營困難，特區政府推出一系列支援措施，經民聯於 9 月 13 日舉辦「支援中小企應對經濟挑戰講座」，邀請政府、銀行和財金界的代表，向中小企代表講解相關措施，解答他們在申請手續、融資周轉等方面的疑難，協助他們應對經濟挑戰，渡過難關。

促為企業作全額貸款擔保

新型冠狀病毒肺炎疫情持續，香港中小企營商面對極其嚴峻的挑戰。經民聯副主席林健鋒於 2020 年 2 月 18 日，促請特區政府運用防疫抗疫基金為本港企業作全額擔保，以便中小企向銀行取得低息貸款，用於繳付租金及支薪，以助他們捱過經濟嚴冬。

晤特首促「開水喉救火」

2020 年 4 月 2 日，經民聯副主席林健鋒聯同製造業及進出口業界代表，與行政長官林鄭月娥會面，促請政府儘快「開水喉救火」，免中小企資金鏈斷裂，否則有即時倒閉危機。

結伴而行 共建香港美好家園

晤貿發局反映業界疫下困難

2020 年 4 月 29 日，經民聯多名立法會議員聯同他們所屬的商會和業界代表，分別與香港貿易發展局主席林建岳會面，反映業界面臨的困難，並提出多項支援業界疫後復甦的建議。

籲特區政府正視港口擁堵問題

全球供應鏈港口擁堵問題持續多月，2021 年 10 月 20 日，經民聯副主席林健鋒、吳永嘉與香港付貨人委員會主席林宣武召開記者會，呼籲特區政府正視問題，代向船公司作交涉，及加快審批貨運包機制度，增包機數量。

2. 表達金融地產界意見

倡適當修訂樓市辣招

2013 年 9 月 3 日，辣招苦主大聯盟就樓市辣招政策，向經民聯反映意見；雙方均期望政府能適當地修訂辣招的內容。

與金管局總裁交流

香港金融管理局總裁陳德霖於 2014 年 9 月 17 日親臨經民聯，與聯盟一眾成員分享香港金融體系的歷程和挑戰。

籲寬按揭成數助市民置業

2016 年 5 月 26 日，經民聯副主席林健鋒、張華峰和秘書長石禮謙聯同「地產代理業界聯席會議」轄下的「市民置業關注組」成員，與香港金融管理局副總裁阮國恆等代表會面，反映準買家和業界困難，建議金管局放寬按揭成數。

研討《上市架構諮詢文件》

證券及期貨事務監察委員會和香港交易所自 2016 年 6 月中聯合發表《上市架構諮詢文件》以來，在金融業界內引起極大關注。經民聯於 2016 年 10 月 5 日與立法會金融服務界議員張華峰聯合主辦、金融界 4 個商會協辦《上市架構諮詢文件》研討會。研討會吸引逾 300 名業界代表出席。證券及期貨事務監察委員會、香港交易所及財經事務及庫務局亦派代表到場聽取業界聲音。

促修訂辣招免礙二手樓市發展

2017 年 3 月 28 日，地產代理業界到立法會請願，並向經民
聯副主席林健鋒及劉業強遞交意見書，建議修訂部分辣招，
免窒礙二手樓市發展。

晤局長籲緩解中小券商燃眉之急

經民聯副主席、立法會議員張華峰與 10 多位金融服務界代表於 2020 年 7 月 13 日與
財經事務及庫務局局長許正宇等官員會面，向當局提出多項訴求和建議，以緩解業界
當前燃眉之急，爭取中小券商的生存和發展空間。

3. 促進旅遊相關行業發展

參與香港龍舟嘉年華

2013 年 6 月 23 日，經民聯副主席張華峰參與由香港龍舟協會、香港旅遊發展局舉辦之「香港龍舟嘉年華—名人扒浴缸大賽」，經民聯監事會主席兼香港旅遊發展局主席林建岳、經民聯主席梁君彥、經民聯立法會議員梁美芬亦有到場打氣，以支持旅遊業界活動。

跟進優化「個人遊」建議

經民聯於 2014 年 10 月 19 日與旅遊、零售、飲食及運輸業
界代表約見商務及經濟發展局局長蘇錦樑，跟進優化「個人
遊」建議，並提出刺激市道措施。

促允持內地電子護照者網上申請「個人遊」

2015 年 9 月 21 日，經民聯領導層聯同旅遊、酒店及餐飲業界代表向政府提交優化內地
旅客「個人遊」建議書，讓 2,000 萬內地電子護照持有人，在網上申請來港「個人遊」簽
注，以吸引更多內地居民來港旅遊。

了解酒吧業界復業訴求

2020 年 12 月 9 日，經民聯主席盧偉國、副主席林健鋒和秘
書長石禮謙會見酒吧業界，了解業界對復業的訴求。

4. 跟進多個行業訴求

與保安業協會交流

2013 年 9 月 10 日，經民聯主席梁君彥、副主席林健鋒與香港保安業協會會面，協會希望經民聯就保安行業面臨人手短缺的問題在立法會發聲。

促加強監管私家車非法載客取酬

2015 年 7 月 3 日，全港的士關注「非法載客取酬」大聯盟與經民聯副主席盧偉國及林健鋒會面，指私家車透過手機應用程式非法載客取酬問題嚴重，影響的士行業，要求政府加強監管，希望議員向政府反映。

關注「優質的士」計劃衝擊業界經營

就政府計劃推出「優質的士」專營權試驗計劃，經民聯於 2016 年 6 月 23 日舉行「的士業捍衛權益大會」，超過 20 個的士商會的代表、逾 40 人出席，代表在會上反映業界面臨的困難和訴求，希望政府能聆聽業界聲音，推出特許「優質的士」專營權只會令業界經營百上加斤。

聆聽美容業界使用儀器訴求

2017年1月，食物及衛生局公布「規管醫療儀器的立法建議」文件，並於1月16日呈交立法會衛生事務委員會。美容業界認為建議嚴重向醫療界傾斜，剝奪美容業界使用美容儀器的權利，亦漠視業界的專業與尊嚴；當日經民聯副主席梁美芬到立法會示威區支持業界，親自接收請願信，並聆聽業界的訴求。

與工程界交流升降機安全

2018 年 6 月 8 日，經民聯主席盧偉國，副主席林健鋒、梁美芬與香港工程師學會前會長潘樂陶及其他業界代表，就嚴重升降機意外及社會大眾對升降機安全的關注作交流。

晤官員促關注升降機安全

2018 年 6 月 18 日，經民聯主席盧偉國與工程業界及機電工程署署長薛永恒會面，討論嚴重的升降機意外引起社會大眾對升降機安全的關注。

第四篇

與青年結伴同行
拓展空間
開創未來

青年是香港的未來。經民聯與青年結伴同行，拓展空間開創未來，提出多項政策建議，包括幫助青年發展和就業、提供更多實習和培訓名額、推展兩地專業資格互認等。為了幫助香港青少年到大灣區學習就業生活，經民聯專門提出設立「港青大灣區 e 通道」。經民聯還與各界青年廣泛交流互動，幫助裝備青年抓住機遇迎接挑戰，融入國家發展大局。

1. 裝備青年抓機遇迎挑戰

邀「膠鴨始祖」林亮分享創業故事

生產港版塑膠鴨的始祖、工業家林亮於 2013 年 6 月 6 日應邀出席由經民聯舉辦的《青年・創業・玩具夢》分享會，向現場近 50 名青年分享他創業打拼的故事。林亮從製造洋娃娃的故事，鼓勵青年人要有「求變」的精神。

結伴而行　共建香港美好家園

放榜派對為文憑試生打氣

經民聯於 2013 年 7 月 13 日舉行了「DSE 放榜打氣 Party」，以定向追蹤、音樂表演、營火晚會等活動，讓考生輕鬆迎接放榜日。活動吸引 200 多名考生參與。經民聯副主席盧偉國、多位區議員以及一眾嘉賓將氣球放到天空，祝願各位考生一飛衝天，前途似錦。

多年連辦大專生實習計劃

自 2013 年至 2019 年，經民聯每年均會舉辦暑期大專生實習計劃，實習計劃內容多元化，透過一系列活動包括工作技巧培訓、參觀活動、工作坊及講座，讓同學接觸社會不同層面、擴闊眼界、累積工作經驗、完善待人接物技巧及提升處事能力。由 2013 年至 2019 年，已經吸引約 100 名來自不同大專院校同學參加。

2013 年 8 月 8 日，實習生參觀香港機場管理局，包括即將落成的新大樓、停機坪設施、24 小時運作的機場中央控制中心和行李處理中心等。

2014 年 8 月 19 日，實習生參觀亞洲水產養殖科技，體驗與中電合作的環保節能計劃成效。經民聯主席梁君彥、中電企業發展總裁莊偉茵、亞洲水產董事郭志一與同學分享計劃的運作。

2015 年 7 月 30 日，實習生與經民聯青委會成員參觀星島新聞集團。

2015 年 8 月 12 日，實習生結業禮，經民聯主席梁君彥頒發畢業證書給實習生。

2016 年 7 月 14 日，經民聯行政總裁陸漢德與實習生對話，笑談多年來從事政黨和新聞工作的所見所聞。

2017 年 7 月 14 日，實習生參觀立法會並進行模擬辯論比賽，經民聯主席盧偉國與實習同學暢談議政心得，選出辯論比賽傑出表現者。

2017 年 6 月 28 日，實習生到無綫電視新聞部參觀，了解電子傳媒的運作情況。

2018 年 6 月 22 日，實習生參觀富徹農場水耕種植，農場職員講解農場技術。

2019 年 6 月 21 日，實習生參觀港鐵公司九龍灣車廠，了解港鐵的維修、組裝、檢查以至鐵路網的管理。

2019 年 6 月 19 日,實習生參觀中華電力的總部和電廠,有助同學了解電力公司如何制訂與用電相關的政策。

辦青年領袖培訓計劃

經民聯於 2015 年舉辦首屆青年領袖培訓計劃，吸引了 15 位
來自工商專業界、有志服務香港的青年參與。當中舉行多
場講座，邀請多位政商界名人、專家學者擔任講者，包括曾
鈺成、劉兆佳及王于漸等。

經民聯於 2015 年 9 月 22 日舉行培訓計劃畢業晚宴，邀請了
政制及內地事務局局長譚志源任主禮嘉賓，經民聯監事會主
席林建岳、主席梁君彥、副主席林健鋒、秘書長石禮謙、
立法會議員梁美芬都有出席，勉勵學員。

地區辦招聘會助青年就業

經民聯於 2015 年 6 月 21 日在大埔大明里廣場舉辦「青年就業招聘會」，為學生和青年提供就業及暑期實習機會。出席的嘉賓包括勞工及福利局局長張建宗、大埔區議會主席張學明、前海管理局香港事務首席聯絡官洪為民、經民聯副主席兼立法會議員張華峰、經民聯地區事務委員會召集人張俊勇等。

反映青年對房屋政策意見

土地供應專責小組於 2018 年 4 月至 9 月期間，就土地供應問題進行公眾諮詢活動，經民聯青委會於 7 月 20 日與小組主席黃遠輝等成員會面，反映青年對土地、房屋政策的意見。

為青年辦研修講座

2018 年 4 月至 10 月期間，經民聯青委會舉行多場政治研修講座，邀請多位政商界名人、專家學者擔任講者，包括湯家驊、黃元山、梁愛詩等。此系列講座是一個培育青年關注香港社會政治和經濟發展的平台，鼓勵青年透過參與學堂舉辦的講座或活動，提高對香港政治、經濟及社會重要議題的認識，為參政作更好的裝備。

參觀皇都戲院體驗歷史

2021 年 4 月 29 日，北角皇都戲院復修動工前，經民聯青委
會成員獲邀參觀皇都戲院，參加「尋找你我他的皇都」代入
式歷史體驗活動。

2. 幫助青年融入
國家發展大局

邀四川地震災區學生來港交流

四川雅安市於 2013 年 4 月 20 日發生強烈地震，經民聯在 4 月底訪問北京時，透過中央政府向雅安災民表達慰問之餘，並向中央提出邀請，等待雅安救災工作完結後，安排 100 名災區學生來港交流，藉此表達港人的關愛。在四川省委統戰部以及多個機構的鼎力支持和協助下，雅安中小學生交流團於 7 月 22 日抵達香港，展開 5 日 4 夜的交流活動。歡迎晚宴上，中聯辦副主任楊健、特區政府政制及內地事務局局長譚志源、經民聯監事會主席林建岳出席主禮。

組織潮汕考察團

經民聯於 2014 年 7 月 22 日起舉辦為期 4 天的「經民聯青年考察團」，前往潮州和汕頭考察，30 多位來自不同學校的年輕人，展開了一次難忘的暑假學習體驗。

　　　　結伴而行　共建香港美好家園

組團訪東莞南京北京

經民聯社會服務隊在 2017 年 7 月 14 日至 20 日舉辦「回到・未來」探索歷史文化之旅交流團，由經民聯區議員陳國偉帶同一班青年朋友到訪東莞、南京及北京，讓大家了解香港地區在中國近代史上的足跡，體驗國家的發展步伐。

「一帶一路」交流團訪捷克

經民聯社會服務隊於 2018 年 3 月 31 日至 4 月 7 日舉行「一帶一路」捷克文化交流團，一行約 30 人到訪布拉格查理大學、華為技術（捷克）股份有限公司、中國駐捷克大使館等，體會兩地不同的生活文化，對中捷兩國關係發展有了更深刻的了解。

赴深圳杭州紹興認識改革開放

經民聯社會服務隊於 2018 年 12 月 26 日至 31 日舉行「見·聞」改革開放 40 年深圳、杭州和紹興青年交流團，到訪深圳改革開放展覽館、杭州吉利汽車廠、阿里巴巴公司、紹興市柯橋區海外聯誼會等。

倡設「港青大灣區 e 通道」

經民聯於 2020 年 11 月 19 日舉行發布會，針對當前港青北上所面對的障礙，聯盟倡設「港青大灣區 e 通道」，並圍繞這個設想提出十大建議，期望為香港青年減少和清除障礙，設立簡單、高效、便捷的通道，為港青北上提供全方位的支援。出席發布會的包括經民聯主席盧偉國，副主席梁美芬、吳永嘉，青委會主席梁宏正，副主席林顥伊。

3. 廣與各界青年交流互動

與青年民建聯交流

2016 年 3 月 21 日，經民聯青委會與青年民建聯交流會面。

邀局長與多黨青年聯誼

2016 年 11 月 27 日，經民聯青委會、青年民建聯、新民黨青委會及自由黨青年團舉行聯誼活動，並邀請政制及內地事務局局長譚志源出席。

與新民黨青委交流

2021 年 5 月 12 日，經民聯青委會與新民黨青委交流會面。

經民聯全國青聯選委與青年對話

2021 年 9 月 15 日，經民聯全國青聯選委與青年對話。

第五篇

「是其是非其非」切實履行監察責任

經民聯既支持特區政府依法施政，也肩負起監察政府施政的責任，堅持「是其是、非其非」，反映民意，擇善固執。經民聯參選議會，在議會內外監察政府，為民發聲。經民聯總是第一時間就《施政報告》和《財政預算案》進行回應點評，對於好的政策主張予以肯定支持，對於不足之處及時指出，促其調整改進。例如，經民聯一直敦促政府啟動高齡公共屋邨重建；要求政府設立失業援助金，善用財政儲備助市民紓困；儘快將「兩蚊全港搭」擴展至 60 歲或以上人士；在郊野公園邊陲用地建屋，加快發展棕地；推行「聯廈聯管」先導計劃優化「三無大廈」管理等等。

1. 點評《施政報告》和 《財政預算案》

自 2013 年起，經民聯每年均會對新一份《施政報告》及《財政預算案》第一時間作出回應，促特區政府落實措施發展經濟、改善民生。

籲具體措施落實政策理念

2013 年 1 月 16 日，經民聯就《施政報告》回應，認為報告「理念可取、考驗實踐」，期待特區政府透過具體措施落實其政策理念。

要求增利民紓困力度

2013 年 2 月 27 日，經民聯就新一份《財政預算案》回應，指預算案就支援中小企、協助中產、利民紓困等方面，採納了多項經民聯的建議，當中包括向中小企退還利得稅，以及延長「中小企融資擔保計劃」優惠等；評價預算案務實審慎，整體合格，但紓困力度較預期小。

促勿忽視中產中小企困境

2014 年 1 月 15 日，經民聯就《施政報告》的回應：「扶貧助弱方向正確，中產中小企落空」。經民聯強調，政府在照顧弱勢社羣之餘，也不能忽視中產和中小企的困境。

肯定《預算案》前瞻務實

2014 年 2 月 26 日，經民聯認為新的《財政預算案》「前瞻務實，計劃未來」，務實且具有前瞻性，有助提升香港的競爭力，與經民聯該年的工作主題「創意、上游、香港未來」目標一致。

冀《施政報告》展現魄力克服阻力

2015 年 1 月 14 日，經民聯就新一份《施政報告》的回應是「務實進取、實事求是」，但預期在推動過程中會遇到不少阻力，期望政府能展現魄力，爭取市民支持，落實有關政策，讓香港可以跨步向前。

結伴而行　共建香港美好家園

肯定《預算案》支援受「佔中」影響行業

2015 年 2 月 25 日，經民聯認為新一份《財政預算案》在經濟發展有相當多着墨，並提出多項惠及中小企、中產和扶助基層措施，評價該年預算案內容全面，未雨綢繆，有利社會穩定，有關支援受「佔中」影響行業的措施，更是積極回應了聯盟的建議。

政府採納「一帶一路」、「智慧城市」建議

2016 年 1 月 13 日，經民聯歡迎政府在《施政報告》內採納聯盟多項有關改善經濟及民生的建議，特別是聯盟提出有關「一帶一路」及發展「智慧城市」的多項建議，大部分都獲政府採納。經民聯主席梁君彥形容《施政報告》「務實平穩，把握機遇，關顧社羣，惠及民生」。

《預算案》接納多項建議

2016 年 2 月 24 日，經民聯歡迎政府接納聯盟多項建議，認為《財政預算案》內容全面，從善如流，措施惠及中小企、中產和基層市民等，並能做到投資未來，幫助香港迎接環球新經濟秩序帶來的挑戰。

反對取消強積金對沖

2017 年 1 月 18 日，經民聯歡迎政府採納聯盟 50 多項施政建議，對《施政報告》「有讚有彈」，促請政府繼續投放資源，讓香港持續發展，但表明反對政府建議逐步取消強積金對沖。

籲善用盈餘共享發展成果

2017 年 2 月 22 日，經民聯回應新一份《財政預算案》，指預算案採納了聯盟提出的 30 多項訴求和建議，在扶助中小企、減輕中產人士負擔、社福民生及文化教育等方面推出一系列措施。經民聯促請政府進一步善用盈餘，與廣大市民共享經濟發展成果，投資未來。

倡大刀闊斧「拉閘開庫」

2018 年 2 月 28 日，經民聯認為《財政預算案》回應了聯盟提出的大部分建議，在推動創科發展、扶助中小企、減輕中產負擔、安老助弱等方面重點着墨，既做到積極創新，投資未來，亦能關顧民生，聯盟對此表示歡迎，但認為政府可更大刀闊斧地「拉閘開庫」，以更前瞻的眼光和方式加大投放資源，幫助香港投資未來。

採納經民聯 100 多項建議

2018 年 10 月 10 日，經民聯表示，《施政報告》採納了經民聯提出的 100 多項建議，包括填海造地、優化中小企融資擔保計劃、公私營發展私人農地、撥款成立電梯維修基金等。主席盧偉國形容報告「整體務實進取，仍須加速前行」。他指出，香港正面臨中美貿易糾紛升溫、加息周期來臨等不明朗因素，政府須加快落實相關措施，以應對未來的挑戰。

要求「撐企業、促經濟、反民粹、惠民生」

2019 年 2 月 27 日，經民聯歡迎《財政預算案》採納聯盟提出的 50 多項訴求和建議，例如撥款進一步推動旅遊業、優化海濱、推動再工業化等。聯盟認為該份預算案穩中有進，但在嚴峻的經濟環境下刺激經濟的力度不足，亦未見有太多具體措施促進業界儘快開拓粵港澳大灣區發展機遇，因此以 12 字來表達對特區政府的訴求：「撐企業、促經濟、反民粹、惠民生」。

促請採取強而有力措施制止亂局

2019 年 10 月 16 日，經民聯主席盧偉國以 17 字形容《施政報告》：「艱難時期，求破困局。促議而即決，決而快行。」他表示，報告採納了聯盟提出的 100 多項建議，但對聯盟提出的重建高齡公共屋邨等能在短期增加公營房屋的建議卻未有積極回應。他又促請特區政府儘快採取強而有力的措施制止社會亂局，儘快讓社會恢復正常秩序。

急推支援措施助市民紓困

2020 年 2 月 26 日，經民聯歡迎《財政預算案》採納聯盟提出的 80 多項建議，包括全民派 1 萬元現金、由政府百分百擔保企業以特惠低息貸款、補助中小承建商和註冊分包商、放寬科技券資助限制等。經民聯認為新一份預算案目標是「抗疫症、撐企業、保就業、惠民生」，因此有關支援措施「急如星火、刻不容緩」，促請特區政府非常時期要大開庫房，善用財政儲備助市民紓困。

110 多項施政建議獲政府採納

2020 年 11 月 25 日，經民聯表示新一份《施政報告》採納了經民聯提出的 110 多項建議，包括推出「大灣區青年就業計劃」、撤銷工商舖辣招、落實大坑西邨重建、加快「跨境理財通」、推出智慧城市藍圖 2.0 等。聯盟認為，這份報告構思務實，措施亦具針對性，但要事分緩急，而且重在執行。面對本港新冠肺炎疫情持續反覆，聯盟促請特區政府痛下決心，精準抗疫，儘快讓病例「清零」，做到抗疫為先、重振經濟、改善民生，讓市民「信有明天」。

促政府推出更多逆周期措施

2021 年 2 月 24 日，經民聯表示，《財政預算案》採納了經民聯提出的 40 多項建議，包括發放 5,000 元電子消費券、持續發行債券籌集資金、資助房地產投資信託基金在香港上市、資助舊樓維修渠管以及繼續推動本地遊等。經民聯對此表示歡迎，但認為《預算案》整體而言取態較保守，紓困力度不足，促政府推出更多、更全面的逆周期措施支援中小企及打工仔，幫助香港把握疫後復甦的機遇。

採納開發新界建議

2021 年 10 月 6 日，經民聯表示新一份《施政報告》合共採納了經民聯超過 80 項建議，包括聯盟提出的《開發新界 造福香港》建議，推展北部都會區發展策略，期望策略真正為香港創造出巨大的安居效益、就業效益和經濟效益。經民聯促請特區政府在新局面下能急起直追，決而必行，為香港開創新未來，做到「突破求進，籌劃未來，全速通關，挽救經濟」。

2. 參選議會
為民發聲監察政府

經民聯多年來均參與立法會和區議會選舉，選出代表為工商專業及市民於議會內外發聲、監察政府。

2015 年：首度參選區議會

2015 年 11 月 1 日，經民聯於荔枝角公園露天劇場舉行區議會選舉造勢大會，派出 16 位成員參選，共有 10 人勝出。

2016 年：首度參選立法會

2016 年 7 月 20 日，經民聯在添馬公園舉行立法會選舉造勢大會，監事會主席林建岳揮舞大旗，預祝經民聯在選舉中旗開得勝。經民聯派出 7 人參選，包括工業界（第一）梁君彥、商界（第一）林健鋒、工程界盧偉國、金融服務界張華峰、地產及建造界石禮謙和鄉議局劉業強，以及九龍西地方選區梁美芬。

7 張名單全部當選

2016 年 9 月 4 日，立法會選舉投票日，經民聯領導到九龍西為梁美芬打氣。經民聯的 7 張參選名單全部當選。

2019 年：勝出油尖旺區議會補選

2019 年 3 月 24 日，油尖旺區議會大南選區補選，經民聯派出的大南區社區幹事李思敏，在經民聯領導落區支持下，勝出是次選舉。

2019 年：再度參選區議會

2019 年 11 月 24 日，區議會選舉投票日，經民聯領導到各區為候選人打氣。在「黑暴」反政府勢力瘋狂作惡下，經民聯共派出 25 人參選，結果 3 人成功當選，加上 2 名當然議員，聯盟在新一屆區議會共有 5 名議員。

2021年：8人參選立法會

2021年11月9日，立法會選舉造勢大會，經民聯宣布8人參選立法會選舉，包括經民聯榮譽主席梁君彥，主席盧偉國，副主席林健鋒、張華峰、梁美芬、劉業強和吳永嘉，以及經民聯青委會成員陸瀚民。

7人當選立法會議員

2021年12月19日，立法會選舉投票日，監事會主席林建岳到灣仔為陸瀚民打氣。經民聯共派出8人參選，結果7人成功當選。

3. 議會內外為民生發聲

晤官員促處理鉛水事件

2015 年 7 月 16 日，經民聯立法會議員約見運輸及房屋局副局長邱誠武，跟進食水含鉛事件，促請政府全面檢視，儘快找出食水含鉛的根本原因，對症下藥。

向局長獻策解決「假難民」問題

經民聯監事會主席林建岳等領導層於 2016 年 4 月 11 日，與保安局局長黎棟國會面，就如何解決「假難民」問題向特區政府提出 11 項建議，包括對來自較多免遣返保護聲請地區人士實行電子旅行證（eTA）制度、對非法入境者「即捕即解」等。

參與反拉布遊行

經民聯成員出席 2016 年 5 月 8 日建造業大聯盟主辦的反拉布遊行，要求反對派議員立即停止拉布，並接收 10 多個專業和業界團體遞交的請願信。

請願支持修改《議事規則》

2017 年 12 月 14 日，經民聯多名區議員、社區幹事及支持者在立法會示威區請願，表達聯盟支持立法會儘快決議修改《議事規則》，讓立法會重回正軌的訴求。

與局長交流地區規劃及房屋意見

2018 年 2 月 12 日，經民聯主席盧偉國、副主席梁美芬聯同地區成員與發展局局長黃偉綸會面，就各區的規劃發展及房屋問題提出意見。

籲補漏拾遺助有需要者

2018 年 3 月 22 日，經民聯一眾地區成員向勞工及福利局副局長徐英偉請願，希望《財政預算案》能夠做到補漏拾遺，為有需要人士提供津貼。

晤局長提衛生醫療意見

2018 年 3 月 22 日，經民聯主席盧偉國、副主席梁美芬聯同地區成員與食物及衛生局局長陳肇始會面，就各區的衛生、醫療等問題提出意見。

促發展郊野公園邊陲地

2019 年 2 月 22 日，經民聯主席盧偉國對於發展局全盤接受土地供應專責小組的報告，放棄發展郊野公園邊陲地，表示遺憾。

倡「三無大廈」推「聯廈聯管」

經民聯於 2019 年 5 月 25 日舉行記者會,油尖旺區議員李思敏、黃舒明、陳少棠及黃建新建議在「大廈管理專業顧問服務計劃」基礎上,增設為期一年的「聯廈聯管」先導計劃,由民政事務總署協助優化大廈管理,推動居民自組業主立案法團管理大廈事務,改善大廈衛生和治安情況。

第六篇

加強政策研究
建議科學
務實可行

能夠行穩致遠的成功政黨，都需要有政策研究的能力。經民聯的建議能夠廣獲《施政報告》接納，一個重要原因是有扎實的政策研究作支撐，提出的建議科學務實可行。經民聯不僅有研究部，而且還有專門從事政策研究的智庫支持。經民聯的研究人員與議員及地區骨幹合作，在廣泛收集業界和地區意見的基礎上，提出多份有質量、有分量的建議及研究報告，包括構建實施大灣區金融「單一通行證」制度，加快公屋重建，改善社區環境衛生，支持工程界、金融服務界和商界對抗疫境，香港參與粵港澳大灣區和「一帶一路」建設等，受到特區政府和香港社會的重視。經民聯發布的《香港十年安居計劃》建議書，提出將香港的人均居住面積由 161 平方呎增加至 200 平方呎，更引起廣泛關注。

倡八大範疇增土地供應

2018 年 9 月 26 日，經民聯主席盧偉國、副主席林健鋒及秘書長石禮謙公布經民聯就土地供應政策提出八大範疇 30 項建議。

經民聯委託香港民意調查中心就市民對於在大嶼山東部填海的意見進行調查，經民聯主席盧偉國，副主席林健鋒、張華峰於 2018 年 12 月 21 日公布調查結果。結果顯示，86.2% 受訪者認為本港房屋供應不足、居住環境差與香港土地短缺有關係，60.1% 受訪市民贊成於大嶼山東部填海以增加土地供應。就此，經民聯建議特區政府應儘快向立法會提交「明日大嶼」前期研究撥款建議，以及發行填海債券籌集資金。

發布公屋重建研究報告

經民聯就舊公屋重建問題進行專題研究，並於 2019 年 9 月 24 日發布《推動公屋重建研究報告》。聯盟促請特區政府在難有大量新增土地的情況下，改變原有的保守取態，儘快展開高齡公共屋邨重建計劃，以紓緩市民「上樓難」的困境。

提出「25 萬公屋重建」計劃

經民聯於 2021 年 1 月 21 日提出「25 萬公屋重建全啟動」計劃，分階段重建全港 26 個舊屋邨，料重建後比原有單位至少增加 25.5 萬個單位，有效幫助解決公屋輪候冊人龍，更可改善舊屋邨居民居住環境，同時提供 19 萬個就業職位，有助提振經濟。

發布《香港十年安居計劃》建議書

經民聯於 2021 年 6 月 7 日發布《香港十年安居計劃》建議書，提出三大目標、五大建議，多管齊下增加土地及房屋供應，務求在 10 年內開發 2,400 公頃土地，增加 65 萬個公私營房屋單位，將人均居住面積由 161 平方呎增至 200 平方呎，創造 60 萬個就業職位。經民聯敦促特區政府要不失時機作出全面規劃，全方位統籌啟動政策措施，總體統領展開香港特區的「十年安居工程」，從根本上解決香港安居難的深層次矛盾，實現建構香港宜居城市的目標。

發布《開發新界 造福香港》建議書

經民聯於 2021 年 9 月 29 日發布《開發新界 造福香港》研究建議書，就如何全面開發新界提出一系列建議。經民聯指出，香港從來沒有像今天這樣需要通過開發新界，來發展香港，造福港人。促請特區政府以新思維、新規劃、新元素，改變以往視新界為邊陲、邊境的規劃思維，將新界視為香港未來發展的一個中心，全面開發新界。

發布加快建屋研究報告

經民聯於 2021 年 10 月 22 日發布《加快建屋 急民所急》研究報告，提出兩大目標：「明確訂立人均居住面積 200 平方呎」和「爭取 10 年內開發 2,400 公頃土地，以增加 65 萬個公私營房屋單位」，並就從速興建房屋提出九大政策建議，全力促請政府把提高香港人均居住面積作為一個具體的政策目標，以紓解迫在眉睫的房屋問題，回應市民的迫切期待。

進行取消強積金對沖問卷調查

經民聯在 2016 年 3 月至 5 月向商會進行「取消強積金對沖機制意向」問卷調查，結果顯示 78.3% 受訪商會認為取消強積金對沖會令企業營運成本增加，70% 認為會削弱香港的競爭力；逾八成半受訪商會反對取消強積金對沖機制。

遞交退保強積金意見書

2016 年 6 月 14 日，經民聯和 15 個主要商會成立的「工商界關注退保及強積金事宜聯席會議」，就退休保障諮詢向政務司司長林鄭月娥遞交意見書。

提建議促灣區要素流通

2017 年 5 月 23 日，經民聯主席盧偉國、副主席林健鋒及張華峰向行政長官梁振英遞交構建「粵港澳大灣區」建議書，就香港如何參與粵港澳大灣區發展，提出 12 個方面的建議，涉及促進三地人流、物流、資金流和信息流暢通。

倡「大灣區金融單一通行證」

經民聯於 2020 年 11 月 5 日召開記者會，率先提出構建實施「粵港澳大灣區金融單一通行證」制度，並圍繞該制度提出十大建議，以創新金融機制和監管模式，打造資金在大灣區流通的「高速通道」。

3. 提政改建議推動政制發展

提交特首立法會選舉建議書

經民聯立法會議員於 2014 年 5 月 2 日與政務司司長林鄭月娥會面，提交「2017 年行政長官選舉及 2016 年立法會選舉方案」建議書。

提交第二輪政改諮詢建議書

2015 年 3 月 2 日，經民聯立法會議員與政務司司長林鄭月娥會面，就第二輪政改諮詢提交「2017 年行政長官普選辦法」建議書。

4. 全面研究改善 社區環境衛生

提交發電燃料組合意見書

2014 年 6 月 18 日，經民聯主席梁君彥、副主席盧偉國及林健鋒就《未來發電燃料組合諮詢文件》向特區政府提交意見書，促請政府向公眾提供更多數據和資料，探討更多不同的發電燃料組合，並應以穩定性為首要條件。

發布社區環境衛生系列研究報告

經民聯於 2020 年 1 月 9 日發布《改善全港社區環境衛生系列研究報告》，報告指出特區政府的環境衛生工作存在不少問題，提出設立總值 65 億元的「五大環衛專項基金」、展開全港性環境衛生運動、設立高層級清潔策劃專責委員會、針對性處理「三無大廈」環境衛生問題、借助粵港澳大灣區創科優勢推動智慧環衛等 8 項建議，以改善香港社區衛生環境，避免成為傳染病的傳播媒介。

第七篇

維護「一國兩制」守護繁榮穩定根基

從非法「佔中」到「修例風波」及黑色暴亂可以清楚看到，只有堅定維護「一國兩制」，香港才有可能在穩定的環境下謀發展。這也是香港社會的最大公約數。經民聯一向堅定捍衛「一國兩制」，守護香港繁榮穩定的根基，堅決支持香港的國家安全立法並完善香港的選舉制度，全面落實「愛國者治港」。經民聯一直支持特區政府依照憲法和《基本法》辦事，在憲制秩序和政治體制層面正本清源、撥亂反正，讓香港重回正軌重新出發。經民聯建議加強向青年和學生推廣憲法與《基本法》教育、落實公務員宣誓安排、提高港人國家安全概念和守法意識等。經民聯還致力加強兩地交流，多次組團訪問北京及內地省市，推動香港加快融入國家發展大局。

1. 加強兩地交流
訪問北京及內地省市

首次組團訪京 獲張德江接見

2013 年 4 月 27 日，經民聯監事會主席林建岳和經民聯領導層首次率領香港工商代表團訪問北京，於人民大會堂獲全國人大常委會委員長張德江接見，張德江指出中央對港的政策方向與經民聯成立的宗旨「工商帶動經濟、專業改善民生」切合。

經民聯成立以來，第一次組團訪京，訪京團共有 31 名團員，包括經民聯立法會議員、區議員及工商界成員，拜訪了統戰部、全國工商聯合會等多個部委及領導，取得豐碩成果。

組團訪粵 拜會胡春華

2014 年 1 月 27 日，經民聯監事會主席林建岳率團訪問廣東，向省委書記胡春華建議加強宣傳南沙、前海、橫琴 3 個區域的發展。

經民聯廣東訪問團成員包括經民聯立法會議員、區議員及工商專業界人士。訪問團分別拜會了廣東省委、省委統戰部及廣州市委的官員，就雙方共同關心的問題進行了深入而具建設性的討論和坦誠交流。

廣東省委統戰部部長林雄表示，經民聯在香港發展中起着健康積極的作用。

訪問上海 拜會韓正

2014 年 9 月 26 日，經民聯監事會主席林建岳和領導層率團訪問上海，拜會上海市委書記韓正，雙方就滬港進一步互補、達致雙贏進行更深入交流和探討。林建岳和主席梁君彥在會面中提出加強兩地合作，實現互利多贏。

結伴而行　共建香港美好家園

上海市委統戰部常務副部長吳捷、中聯辦副主任殷曉靜與經民聯監事會主席林建岳及上海訪問團團員大合照。

上海訪問團團員到訪上海證券交易所，經民聯成員在交易所內興奮敲鑼。

晤粤公安商嚴打「假難民」偷渡

2016 年 7 月 14 日，經民聯副主席林健鋒、梁美芬到訪廣州，與廣東省公安廳及廣東公安邊防等官員會面，促請兩地政府聯手執法，嚴打「假難民」偷渡問題。

訪中證監倡拓兩地金融合作

2017 年 3 月 9 日，經民聯監事會主席林建岳、榮譽主席梁
君彥、副主席林健鋒及張華峰，在北京拜訪中國證券監督管
理委員會，建議進一步開拓兩地金融合作領域。

赴粵晤李希交流合作意見

2018 年 4 月 28 日，經民聯監事會主席林建岳率團訪問廣東，與中央政治局委員、廣東省委書記李希交流粵港合作意見。

訪問廣東提出 22 項建議

經民聯廣東訪問團向廣東省提出六大範疇共 22 項具體建議，以促進粵港兩地在經濟和民生等領域的互動和合作。

結伴而行　共建香港美好家園

中央政治局委員、廣東省委書記李希，廣東省委副書記、省長馬興瑞及廣東省委、省政府領導與經民聯廣東省訪問團成員合照。

2. 維護「一國兩制」
支持國安立法完善

落區助市民登記成為選民

為了呼籲更多合資格的市民登記成為選民，經民聯在 2014 年 4 月期間，先後在大埔、沙田圍及火炭進行選民登記活動，協助近千名市民登記成為選民或更改選民資料。主席梁君彥於 2014 年 5 月 4 日，聯同沙田區議員湯寶珍及地區成員到沙田火炭，在港鐵站出口設立街站，呼籲和協助居民登記成為選民。

參與「保普選 反佔中」簽名

2014 年 7 月 23 日，經民聯領導層聯同工商界、銀行界、證券界、旅遊界及影藝界等
代表親身前往中環畢打街街站，參與「保普選 反佔中」簽名運動。

辦工商專業反「佔中」集會

2014 年 8 月 13 日，經民聯在香港會議展覽中心舉辦工商專業齊發聲集會，呼籲「保經濟、保民生、反佔中、一人一票選特首」。多個工商、專業團體、社團組織，以及包括來自航運交通、地產、物流、紡織、建造、演藝、旅遊、零售、餐飲、漁農、中小企、青年及地區團體等共 35 個界別及機構、超過 400 位嘉賓參與是次集會，表達工商專業界人士的心聲。

結伴而行　共建香港美好家園

參與「和平普選大遊行」

2014年8月17日，約500名經民聯會員和地區人士，在經民聯監事會主席林建岳及經民聯主席梁君彥、副主席林健鋒的帶領下，參與「8‧17和平普選大遊行」，用腳步行出「和平理性落實普選」的一步。一行從維園出發，經過銅鑼灣、灣仔、金鐘，到達終點中環遮打花園。

經民聯監事會主席林建岳與秘書長石禮謙爭取和平理性落實2017年普選，與市民並肩同行。

參與「反辱華反港獨」集會

2016 年 10 月 26 日，經民聯領導帶領地區人士在立法會外參與「反辱華、反港獨大聯盟」萬人集會，經民聯主席盧偉國、副主席張華峰及梁美芬聯同 10 多名區議員，帶領 200 多名地區人士參與。盧偉國及張華峰上台發言，批評 2 名「青年新政」的議員宣傳「港獨」禍港，強烈譴責他們侮辱中國人的民族尊嚴。

集會支持人大釋法遏「港獨」

經民聯 2016 年 11 月 13 日響應「反港獨、撐釋法」大聯盟
發起的 4 萬人集會，支持人大釋法撥亂反正，遏制「港獨」
勢力。

編寫回歸 20 年成就小冊子

2017 年 6 月 16 日，經民聯主席盧偉國，副主席林健鋒、張華峰和梁美芬在經民聯總部向公眾發布由聯盟編寫的《香港回歸 20 年成就一覽》小冊子，分享香港在經濟、民生、基建規劃、勞工、「一國兩制」及政制發展等方面取得的成就。

譴責暴力促保選舉公平

因有候選人於 2019 年區議會選舉拉票時遇襲，經民聯與多個建制派政黨，於 2019 年 11 月 7 日發起靜默遊行，由政府總部東翼前地，遊行至位於灣仔的選舉管理委員會，並向選管會主席馮驊提交請願信，要求當局確保候選人、義工和支持者人身安全，以及選民能在免於恐懼下投票。

議員聯署支持國安法

2020 年 5 月 28 日，經民聯立法會議員與建制派立法會議員聯署支持《港區國安法》，就全國人大關於建立健全香港維護國家安全的法律制度和執行機制的決定，表示堅定支持。

參與撐國安法簽名街站

2020 年 7 月，經民聯監事會主席林建岳和經民聯領導層參
加各區撐《港區國安法》簽名街站，向市民收集簽名，全力
支持制定《港區國安法》，並爭取市民支持及宣傳推廣《港區
國安法》。

設街站支持完善選制落實「愛國者治港」

2021 年 3 月底至 4 月初，經民聯連日在全港各區設立過百個「撐全國人大決定 完善選舉制度 落實愛國者治港」街站，爭取市民簽名支持人大關於完善香港選舉制度的決定。

結伴而行 共建香港美好家園

第八篇

感恩各界：周年會慶大型首映

1. 周年會慶

成立慶祝酒會

經民聯成立慶祝酒會於 2012 年 12 月 18 日假香港會議展覽中心舉行，典禮冠蓋雲集，並邀請到行政長官梁振英、中聯辦副主任林武、財政司司長曾俊華及律政司司長袁國強到場祝賀。

2012 年 12 月 18 日，行政長官梁振英出席經民聯成立酒會。

結伴而行 共建香港美好家園

一周年晚宴

2013 年 12 月 17 日，經民聯在尖沙咀美麗華酒店舉行成立一周年晚宴，邀請署理行政長官曾俊華、律政司司長袁國強及中聯辦協調部部長沈沖蒞臨主禮。

三周年晚宴

2015 年 12 月 7 日，經民聯在尖沙咀美麗華酒店舉行成立三周年晚宴，邀得行政長官梁振英、政務司司長林鄭月娥和中聯辦副主任殷曉靜蒞臨主禮。

結伴而行　共建香港美好家園

四周年晚宴

2016 年 11 月 1 日，經民聯在麗思卡爾頓酒店舉行經民聯成立四周年慶典暨晚宴，筵開逾 30 席，邀得行政長官梁振英、中聯辦副主任楊健、外交部駐港公署副特派員胡建中等多名官員出席。

結伴而行　共建香港美好家園

五周年晚宴

2017 年 12 月 12 日，經民聯在香港會議展覽中心舉行成立五周年慶典暨晚宴，行政長官林鄭月娥、中聯辦副主任譚鐵牛、外交部駐港公署副特派員楊義瑞等近 800 位嘉賓蒞臨現場聚首一堂。

188

六周年晚宴

2018 年 12 月 11 日，經民聯在香港海洋公園萬豪酒店宴會廳舉行六周年慶典暨晚宴，晚宴筵開逾 80 席，行政長官林鄭月娥、中聯辦副主任譚鐵牛、外交部駐港公署副特派員宋如安等近千名嘉賓蒞臨。

2. 大型首映

《建軍大業》首映禮

2017 年 7 月 30 日，經民聯作為受惠機構參與在香港會議展覽中心舉辦的《建軍大業》首映禮，全國政協副主席董建華和梁振英、行政長官林鄭月娥、中聯辦主任張曉明等多名官員出席。

結伴而行 共建香港美好家園

《1921》首映禮

2021 年 7 月 4 日，為慶祝中國共產黨建黨 100 周年，經民聯假香港會議展覽中心舉行盛大的電影《1921》首映禮，出席典禮的主禮嘉賓包括全國政協副主席董建華及梁振英、行政長官林鄭月娥、中聯辦副主任譚鐵牛、政務司司長李家超、財政司司長陳茂波、律政司司長鄭若驊等。

結伴而行　共建香港美好家園

政策研究篇

第一篇

《香港十年安居計劃》建議書（2022-2031）

房屋問題是香港市民最為關心的頭號民生難題。國安法的實施和新選舉制度的確立，香港實現了由亂及治的重大轉折，終於可以聚焦經濟民生，集中精力解決香港市民安居難的問題。特區政府亟需不失時機作出全面規劃，全方位統籌啟動政策措施，儘快改變「頭痛醫頭、腳痛醫腳、臨急造地、窮於應付」的困難被動局面。特區政府有必要借鑒港英政府 1972 年「十年建屋計劃」的經驗，制定《香港十年安居計劃》(2022-2031)，全面提出拓地建屋的具體目標和政策措施，不僅讓香港市民看到「十年安居願景」，而且總體統領展開香港特區的「十年安居工程」，從根本上解決香港安居難的深層次矛盾，實現建構香港宜居城市的目標。為此，經民聯特提出《香港十年安居計劃》，並提出三大目標和五大建議：

三大目標：一是願景指標。人均居住面積由 161 平方呎增加至 200 平方呎；二是開發指標。開發 2,400 公頃土地，增加 65 萬個公私營房屋單位；三是效益目標。貢獻建造業增加值 4,283 億元，GDP 年均佔比 1.6%，增加 60 萬個就業職位。

五大建議：一是開發新界。提供 2,634 公頃住宅用地；二是開發郊野公園邊陲。提供 40 公頃土地建屋；三是推動大規模公屋重建。提供 77 公頃土地；力爭公屋輪候時間縮短至 4 年、人均居住面積由 144.2 平方呎增加至 180 平方呎；四是加快落實已規劃項目。提供 508 公頃住宅用地；五是增加地積比，加快審批程序。

一、三大願景目標

1. 願景指標：人均居住面積由 161 平方呎增加至 200 平方呎

人均居住面積由 161 平方呎增加至 200 平方呎，是《香港十年安居計劃》的核心指標，不僅集中體現香港市民的「十年安居願景」，而且總體統領展開香港特區的「十年安居工程」，其他政策目標和措施圍繞這個核心目標制定實施。

香港作為國際大都會，居住空間非常狹窄。統計處的數字顯示，香港人均居住面積只有 161 平方呎，僅比私家車標準泊車位的 135 平方呎稍大；約有 20.4 萬家庭住戶（8%）居住面積少於 215 平方呎，香港家庭住戶面積的中位數約 430 平方呎。香港過去一段時間，湧現大批一、二百平方呎的「納米樓」，表明香港市民不僅越住越貴，而且越住越小。

亞洲多個主要城市的人均居住面積，都大於 200 平方呎。東京有 210 平方呎、上海有 260 平方呎、新加坡有 270 平方呎、深圳有 300 平方呎。深圳更計劃在「十四五」期間將深圳人均居住面積提升至 30 平方米（約 323 平方呎），讓市民從「住有所居」邁向「住有宜居」。

制定《香港十年安居計劃》，首先需要確立一個安居的願景指標。將香港的人均居住面積由 161 平方呎增加至 200 平方呎，接近亞洲主要城市的居住水平，既讓市民居住環境有實質性改善，又具有現實可行性，是一個必要而務實的指標。

以夫妻兩人及兩名未婚子女的四人核心家庭為例，居於 800 平方呎的單位，父母和子女都可以擁有個人區域，享有較為寬敞感的居住空間和較為完整的基本生活功能，家庭成員在生理和心理方面對住屋需求能夠得到基本滿足。這是《香港十年安居計劃》將要實現的安居圖景。

確立人均居住面積達 200 平方呎的願景指標，不僅給市民一個安居的希望，更是以此為核心指向，以堅定決心和持續有序的長遠計劃，部署大舉拓地建屋，從根本上解決香港安居難的深層次矛盾，實現建構香港宜居城市的目標。

2. 開發指標：開發 2,400 公頃土地，增加 65 萬個公私營房屋單位

香港人均居住面積達至 200 平方呎，需要開發 2,400 公頃土地，增加 65 萬個公私營房屋單位。這是《香港十年安居計劃》的開發指標。

以人為本的土地供應原則，確保人均居住面積符合 200 平方呎願想要求為首要條件，按此可以推算整個土地供應的基本面積，分析香港所需土地供應的願景。

綜合資料顯示，香港 2020 年底人口約 747 萬，[1] 公私營永久性房屋單位共約 287 萬個，[2] 佔用香港 7,800 公頃土地，[3] 家庭住戶的人均居所樓面面積中位數為 161 平方呎（15 平方米）。[4]

香港人均居住面積如果增加至 200 平方呎（18.6 平方米），按照同樣人口和比例參數，總體房屋單位便需佔用約 9,649 公頃土地，與原有人均居住面積 161 平方呎時期相比，需增加 1,849 公頃土地。

統計處資料顯示，至 2030 年，香港人口將增至 792 萬，比 2020 年增加 45 萬人。[5] 如果將 2021 年至 2030 年新增人口計

算在內，香港人均居住面積上調至 200 平方呎，總體房屋單位便需佔用約 10,230 公頃土地，需增加約 2,400 公頃。

從已有的土地資源及使用情況來看，香港完全有條件提供逾 2,400 公頃土地。規劃署《香港土地用途 2019》[6] 顯示，香港土地面積達 1,111 平方公里（111,100 公頃），市區或已建設土地面積只佔 24.9%，即約 276.6 平方公里（27,600 公頃），其中住宅類別的私人住宅、公營房屋、鄉郊居所共佔 78 平方公里（7,800 公頃），更只佔全港土地面積的 7%。換句話說，香港有 75.1% 土地尚未開發，即約 834.4 平方公里（83,440 公頃），當中包括 24.8% 林地、23.8% 灌叢、16.8% 草地、4.5% 農地，以及餘下的漁塘／基圍和河道明渠等。只要開發其中的三十四分之一，就可以提供約 2,400 公頃的建屋土地。

按照人均面積 200 平方呎、2020 年平均住戶人數 2.8 人[7] 推算，在這新增的約 2,400 公頃土地上，可興建約 65 萬個公私營房屋單位。

根據立法會資料，1987 年至 1996 年的 10 年間，香港公私營房屋供應量雖有下降趨勢，但平均每年仍有超過 7 萬個單位供應。前特首董建華於 1997 年根據當時的情況，提出每年興建 8.5 萬個住宅單位的「八萬五」房屋政策。《長遠房屋策略》2020 年周年進度報告推算，2021/22 至 2030/31 年度總房屋供應目標為 43 萬個，即平均每年 4.3 萬個。《香港十年安居計劃》提出 2022 年至 2031 年增建 65 萬個單位，即平均每年 6.5 萬個，與 1997 年的「八萬五」和 2020 年《長策》「四萬三」相比，屬於中間落墨，是有些進取但務實可行的數字指標。

3. 效益指標：貢獻建造業增加值 4,283 億元，GDP 年均佔比 1.6%，增加 60 萬個就業職位

《香港十年安居計劃》貢獻建造業增加值 4,283 億元，GDP 年均佔比 1.6%，增加 60 萬個就業職位。這是《香港十年安居計劃》的效益指標。

（1）對經濟增長的貢獻：貢獻建造業增加值 4,283 億元，GDP 年均佔比 1.6%

《香港十年安居計劃》將投入大量開發和建築成本，建造房屋和各種新發展區設施，推動香港經濟向前發展。

古洞北、粉嶺北新發展區範圍覆蓋 612 公頃，按 2012 年造價計的總發展成本為 1,200 億元，涵蓋基建設備、公共設施和收地費用。《香港十年安居計劃》需要開發 2,400 公頃土地，以古洞北、粉嶺北新發展區的基本發展成本推算，在未算及通漲因素下，開發費用保守估計至少達 4,800 億元。

2017 年未受疫情和社會動盪因素影響的一般建築成本，公營房屋建築成本為每平方呎 1,893 元，[8][9] 普通私樓則約 3,000 元（不包括地價）。按此推算，根據公私營房屋七三比例，《香港十年安居計劃》興建 65 萬個公私營房屋單位，建築成本高達 8,100 億元。

《香港十年安居計劃》的基本發展成本和建屋成本，初步估算總值合共 12,900 億元，平均每年 1,290 億元。參考 2017 年的建造業工程總值和增加值的比例推算，[10][11]《香港十年安居計劃》的工程總值可帶來的增加值達 4,283 億元，平均每年約 428.3 億元，約佔 2017 年香港本地生產總值的

1.6%。

賣地收益方面，以 2,400 公頃土地為基數，以每平方呎 4,000 元和地積比率為 6 倍計算，將三成私樓土地賣地收入扣除總體土地開發成本，庫房在 10 年內將有 13,800 億元淨賣地收入。

（2）對增加就業的貢獻：增加 60 萬個就業職位

土地房屋發展作為推動經濟的重要手段，需要社會投入大量人力資源。《香港十年安居計劃》作為一項長遠大型發展計劃，當可創造大量就業機會。

2017 年，從事建造業的機構單位直接聘用的就業人數約 185,110 人，建造工程總值約為 3,999 億元；2018 年，同樣就業人數約 192,042 人，工程總值約為 4,098 億元。[12] 根據上述兩年數據推算，建造業平均每投入 1,000 億元，就業人數約為 46,600 人。《香港十年安居計劃》初步估算工程總值合共 12,900 億元，10 年可為建造業創造約 60 萬個就業職位，平均每年約 6 萬個。

二、拓地建屋五大建議

落實《香港十年安居計劃》，需要提供足夠的土地建屋。特區政府須大刀闊斧、多管齊下開發土地。建議特區政府透過大幅開發新界土地、利用郊野公園邊陲、推動大規模公屋重建，以及加快落實規劃中的新發展區和填海項目，為《香港十年安居計劃》提供足夠的土地來源。初步測算，政府有條件在《香港十年安居計劃》的時間內提供約 3,259 公頃住宅用地，超過計劃

本身所需的 2,400 公頃土地，其中，開發新界可得到 2,634 公頃，郊野公園邊陲可得到 40 公頃，公屋重建可得到 77 公頃，加快規劃中項目可得到 508 公頃。在這約 3,259 公頃土地中，首 5 年可提供約 1,269 公頃，後 5 年可提供約 1,990 公頃（詳見下表）。同時，政府可以透過增加地積比、放寬樓宇高度限制、加快土地審批程序等手段，爭取在更短時間內提供更多住宅單位。

表一：《香港十年安居計劃》前後期提供住宅用地（公頃）

	首 5 年	後 5 年	合共
開發新界	發展商農地：1,000 8 組棕地羣：63 小計：1,063	祖堂地：1,200 4 組棕地羣：11 濕地緩衝區：360 小計：1,571	2,634
郊野公園邊陲	元朗大欖：20	沙田水泉澳：20	40
公屋重建	7 個屋邨：42	6 個屋邨：35	77
加快規劃中項目	新發展區：144	新發展區：144 屯門西：220 小計：364	508
總計	1,269	1,990	3,259

1. 開發新界：提供 2,634 公頃住宅用地

建議政府以「開發新界」作號召，大幅開發新界土地。政府可在 10 年內通過「開發新界」提供約 2,634 公頃住宅用地，包括 1,000 公頃由發展商持有的農地、74 公頃棕地、1,200 公頃祖堂地和 360 公頃濕地緩衝區。

發展商持有的農地方面，土地供應專責小組報告指，根據一些公開資料及粗略估計，各大型私人發展商相信擁有不少於 1,000 公頃的新界農地。[13]

棕地方面，規劃署於 2019 年 11 月發布的研究顯示，全港共有 1,579 公頃棕地，

其中 450 公頃具有高或中度可能發展潛力。[14] 當局分別於 2020 年 3 月及 2021 年 3 月發布兩階段檢視結果,指連同相鄰並具發展潛力的土地,共有 12 組、74 公頃棕地羣能具潛力在短、中期內作公營房屋發展,共提供逾 3 萬個單位。[15][16]

祖堂地泛指由整個宗族、家族(「祖」)或「堂」等傳統組織、而非個人擁有的新界鄉村土地。新界原居民鄉村的祠堂、廟宇及祖墓等多屬祖堂地,但亦有不少祖堂地為農地。新界鄉議局表示,全港 7,300 個祖堂共持有逾 2,400 公頃祖堂地。[17] 有鄉事派人士估計,若政府以甲級農地標準作賠償,能吸引近半祖堂地持有人賣地。[18]

濕地緩衝區主要位於濕地保育區以外的 500 米範圍,佔地約 1,200 公頃,其中約 600 公頃已作住宅及工業等用途。至於另外約 600 公頃,當中有約 60 公頃為漁塘,180 公頃由發展商持有。有規劃界人士估計,餘下的 360 公頃濕地緩衝區亦可供發展。[19]

為加快騰出新界土地興建房屋,政府需在制度上拆牆鬆綁,並較大幅度提高賠償金額。

棕地方面,截至 2021 年 6 月,若包括棕地在內的農地涉及私人業權,政府會按土地所處的地區劃分為甲、乙、丙、丁四級發放賠償,甲級最高可達每平方呎 1,308 元,最低的丁級只有每平方呎 327 元。[20] 政府應考慮由四級制改為全部以不低於甲級標準作賠償,並按地價走勢等因素適時調整賠償金額。

祖堂地方面,每個祖堂都須由委任司理管理,當司理提交土地轉讓申請,民政事務處就會發出通告,若限期前收到祖堂持份者提出反對意見,申請便不能通過,變相需要所有祖堂持份者一致同意和授權。針對轉售困難,政府應考慮修例降低門檻,例如參考樓齡達 50 年以上的舊樓強制拍賣門檻,由獲得所有祖堂持份者一致同意,降至八成甚至七成持份者同意,或獲得宗族各房或分支的負責人同意。與收回棕地一樣,政府在收回祖堂地時,應劃一以甲級農地標準作賠償,並按地價走勢等因素適時調整賠償金額。

發展商持有的農地方面,以公私營合作模式發展新界土地的土地共享先導計劃設有多項限制,包括位於新發展區或新市鎮擴展項目內的土地不符合申請資格、不少於七成的總樓面面積須撥作公營房屋或「首置」發展、補地價程序須於 18 至 24 個月內完成等,令持有農地的發展商卻步。政府應以加快供應土地為大前提,儘快檢討計劃細節,放寬限制,在公私營房屋比例及地積比等方面增加彈性,吸引發展商更踴躍參與計劃。

2. 開發郊野公園邊陲:提供 40 公頃土地建屋

政府於 2017 年 5 月邀請房協研究郊野公園邊陲地帶發展公營房屋的潛力,研究範圍包括元朗大欖及沙田水泉澳兩個試點,分別位於大欖郊野公園及馬鞍山郊野公園的邊陲範圍,面積均為 20 多公頃。[21] 2018 年 12 月,土地供應專責小組向政府提交報告,發展郊野公園邊陲地帶不在 8 個建議優先研究和推行的土地供應選項之列。政府最後全盤接納建議,並叫停房協的研究。

郊野公園邊陲地帶屬於政府土地,且無人居住及營運作業,如改劃成住宅用

地，毋須處理賠償及安置問題，大大降低時間和金錢成本。此外，郊野公園邊陲地帶鄰近已發展地區，除了生態價值存疑，更是鄰近交通基建及生活設施，開發成本較低。

政府應將在郊野公園邊陲地帶建屋納入《香港十年安居計劃》，爭取在 40 多公頃的兩個試點發展房屋，首 5 年可在 20 多公頃的大欖用地上先行先試，後 5 年再發展面積相若的水泉澳用地。政府還需着手研究在其他鄰近已發展地區、生態價值低的郊野公園邊陲地帶建屋的可行性，長遠把佔郊野公園總面積 3%、約 1,329 公頃的邊陲地帶改劃成住宅用地。[22]

3. 推動大規模公屋重建：提供 77 公頃土地；力爭公屋輪候時間縮短至 4 年，人均居住面積由 144.2 平方呎增加至 180 平方呎

香港房屋委員會於 2013 年年底完成檢視 22 個非拆售高樓齡屋邨的重建潛力，截至 2021 年 6 月僅有 3 個屋邨有重建計劃，涉及 9,765 個單位。至於已檢視但未有重建計劃的 19 個屋邨，以及另外 7 個最早在 1980 年前落成、且少於 10% 單位在 1985 年或以後落成的屋邨，也有很大的重建潛力。若全部重建這 26 個屋邨，估計重建後將可提供約 36 萬個單位，比原本的約 10.5 萬個單位多出約 25.5 萬個單位，增幅達 242%。

鑒於重建公屋帶來的龐大供應，政府應在《香港十年安居計劃》中啟動大規模重建公屋，同時定下路線圖及時間表。在 2022 年至 2031 年期間，政府可按樓齡、樓宇狀況、地區、重建後的單位數量等因素，着手安排分區有序重建部分屋邨，建議前 5 年啟動鰂魚涌模範邨、九龍城馬頭圍邨、觀塘和樂邨、黃大仙彩虹邨、荃灣福來邨、葵涌葵盛西邨及沙田瀝源邨的重建，涉及約 42 公頃；後 5 年開始重建西環邨、深水埗南山邨、觀塘順利邨、黃大仙彩雲（二）邨、荃灣梨木樹（二）邨及葵涌荔景邨，涉及約 35 公頃。

根據房委會數字，截至 2021 年 3 月底，約有 25.38 萬宗公屋申請，其中一般申請者（即家庭和長者一人申請者）的平均輪候時間為 5.8 年，創下自 2000 年以來新高。[23] 全部重建這 26 個屋邨，可以完全消化輪候冊上的申請，大大縮短輪候時間。以 2020/21 至 2024/25 年度為例，扣除估算年均 13,011 個可供編配的翻新單位，平均每年須興建 25,314 個新單位，才可令一般申請者輪候時間縮短至相對合理的 4 年。政府應採取包括重建公屋在內的各種手段，儘量增加公屋供應，以將輪候時間縮短至 4 年或更短為目標。

截至 2020 年 3 月底，公屋租戶的人均居住面積平均數約 144.2 平方呎（13.4 平方米），[24] 公屋人均居住面積低於香港人均居住面積 161 平方呎的一般水平。重建公屋為改善公屋居民居住環境提供契機，新落成的單位應致力為居民提供舒適居住空間，爭取將公屋人均居住面積增加約四分之一，達至約 180 平方呎。

4. 加快落實已規劃項目：提供 508 公頃住宅用地

截至 2021 年 6 月，政府有 5 個規劃中的新發展區、具發展潛力地區及新市鎮擴展項目，包括東涌新市鎮擴展計劃、古洞

北／粉嶺北新發展區、洪水橋／廈村新發展區、元朗南發展區，以及比較初步的新界北發展，其中有約 600 公頃屬於住宅用地，但最快也要 9 年後才陸續完成發展。在 2021 年至 2031 年期間，就只有東涌新市鎮擴展計劃及古洞北／粉嶺北新發展區完工，涉及共約 165 公頃住宅用地。[25][26][27][28] 至於洪水橋／廈村新發展區及元朗南發展區，就要分別到 2024 年及 2028 年才迎接首批居民遷入。[29][30]

發展局在 2020 年 6 月指，就 8 個有潛質興建成公營房屋單位的棕地臺，當局已經與有關部門探討如何進一步簡化及加快工作流程，期望未改劃用途的「生地」轉化成具備發展條件的「熟地」的時間，由一般不少於 8 年縮短至 5 至 6 年，並爭取將部分單位落成的時間壓縮至由工程可行性研究起計 10 年內。[31] 政府應將有關目標套用到新發展區當中，加快落實項目。

建議政府在《香港十年安居計劃》的時間內，力爭將約 165 公頃的東涌新市鎮擴展計劃及古洞北／粉嶺北新發展區的全部住宅用地，以及約 123 公頃的洪水橋／廈村新發展區及元朗南發展區的一半住宅用地，[32][33] 轉化成「熟地」甚至建成房屋。建議政府分階段有序發展這批共約 288 公頃的土地，力爭首 5 年及後 5 年分別發展其中的 144 公頃土地。

政府亦計劃在屯門龍鼓灘填海約 220 公頃作工業用途，並重新規劃屯門西地區包括內河碼頭及沿海地帶作住宅用途，涉及約 220 公頃。2020 年 1 月，發展局向立法會申請撥款進行規劃及工程研究，[34] 撥款申請在 2020 年 2 月已排上立法會工務小組委員會議程，但直至 2020 年 6 月，工務小組委員會在 2019/20 立法年度的最後一次會議仍未審議。發展局當時指會再提交審議，惟至 2021 年 5 月，仍未見有關撥款申請在 2020/21 年度工務小組委員會議程上。政府應儘快將撥款重新交予立法會審議，爭取在《香港十年安居計劃》的後 5 年完成龍鼓灘填海，騰出屯門西地區約 220 公頃興建房屋。

填海是香港增加土地供應的途徑，尤其是近岸填海，所需時間不長但卻能獲得大量平地，是效率甚高的土地供應來源。政府應在推動「明日大嶼」的同時，積極尋求在維港以外其他地方進行為時較短的近岸填海，多管齊下增加土地及房屋供應。

5. 增加地積比，加快審批程序

香港地區的規劃概念長期受到保守僵化的條條框框約束，令土地發展受到制約，與時並進增加地積比和樓宇高度限制，是釋放土地價值的重要出路，新加坡的經驗值得借鑒。新加坡於 2019 年 3 月提出，在中央商業區增加地積比 25% 至 30%，騰出更多空間建造住宅和酒店；[35] 隨後，又於 2020 年 4 月根據地積比要求放寬樓宇高度限制，將低密度和高密度住宅樓層上限增加 1 至 6 層不等，以釋放更多土地發展空間。[36]

建議政府全面檢討土地的整體使用效益，在《香港十年安居計劃》調高地積比和樓宇高度限制，提高土地使用效益。以濕地緩衝區為例，由發展商持有的 180 公頃土地，僅可以 0.2 至 0.4 倍地積比發展，但同樣位於濕地緩衝區內、政府於 2014 年出售的天水圍第 112 區及第 115 區，地積比卻能達到 1.5 倍。[37] 政府應進一步將濕地緩

衝區的地積比放寬至平均 2 至 3 倍，令單位數量達到原本的 5 倍至 15 倍。

以往發展項目由「熟地」到落成只需 3 至 4 年，但由於土地審批程序越趨繁複，個別項目竟耗時 10 年或以上，其中一個原因是審批程序由多個部門把關，不同部門對發展管制有不同標準和定義，對發展項目有不同的要求，申請人須與不同部門交涉，費時失事。再加上在審批時限上，規劃署和屋宇署受相應條例規管，審批發展申請時要在法定時限內答覆；但地政總署在審批地契事宜上沒有法定時限，往往拖延甚久。

2018 年，發展局及其轄下規劃署、地政總署和屋宇署組成「精簡發展管制督導小組」，專責統一和理順部門間審批私人發展項目的標準和定義，並避免重複審批。2020 年施政報告提出擴闊督導小組的組成和工作範圍，包括納入發展局以外的審批部門，以便更全面檢視公私營項目發展審批程序，以及理順各個政策局之間與發展相關的規定。施政報告亦提出由發展局成立「項目促進辦事處」，跟進提供 500 個或以上單位的私人住宅用地規劃地契修訂和其他發展審批申請，直至項目正式動工，其中會協調各個參與審批項目的部門加快審批流程，並協助解決爭議。

除了「精簡發展管制督導小組」及「項目促進辦事處」外，政府應繼續想方設法簡化、加快土地審批程序，爭取在《香港十年安居計劃》中更快興建更多住宅單位。

其中可以善用資訊科技提升審批效率，例如屋宇署引進建築信息模擬技術（BIM, Building Information Modelling），以加快審批圖則，亦應推動政府內部共享資訊，包括打通不同部門有關土地和房屋的資料庫，形成資料齊備、全面、完整的一站式土地房屋資訊平台。

綜上所述可以看到，香港完全有條件在 10 年內開發超過《香港十年安居計劃》所需的 2,400 公頃建屋土地。我們相信，只要特區政府和香港各界齊心協力把握良政善治新局的第一個黃金十年，認真制定規劃，全力落實部署，就一定能夠實現《香港十年安居計劃》的願景指標，為實現香港人的「安居夢」打下堅實的基礎。

2021 年 6 月

註　釋

1　統計處：《二零二零年年底人口數字》，資料來源於 https://www.censtatd.gov.hk/tc/press_release_detail.html?id=4825（最後訪問時間：2021 年 4 月 26 日）。

2　運輸及房屋局：《房屋統計數字 2020》，2020 年 8 月 31 日，資料來源於 https://www.thb.gov.hk/tc/psp/publications/housing/HIF2020.pdf（最後訪問時間：2021 年 5 月 21 日）。

3　規劃署：《香港土地用途 2019》，資料來源於 https://www.pland.gov.hk/pland_tc/info_serv/statistic/landu.html（最後訪問時間：22020 年 12 月 9 日）。

4　統計處：《2016 中期人口統計主要結果》，頁 23。

5　統計處：《香港人口推算 2020-2069》。

6　同註 3。

7　統計處：《至 2054 年的香港家庭住戶推算（2020 年 9 月）》。

8　立法會二題：資助房屋單位的建築成本，資料來源於 https://www.info.gov.hk/gia/general/201704/12/P2017041200469.htm（最後訪問時間：2020 年 12 月 9 日）。

9　按公屋和居屋平均呎價計算。

10　香港貿易發展局：《香港地產及建造服務業概況》，2020 年 4 月，資料來源於 https://research.hktdc.com/tc/article/MzExMzQzOTc4（最後訪問時間：2020 年 12 月 25 日）。

11　新聞公報：《二零一七年屋宇建築、建造及地產業的業務表現及營運特色的主要統計數字》，2018 年 11 月 30 日，資料來源於 https://www.info.gov.hk/gia/general/201811/30/P2018113000373.htm（最後訪問時間：2020 年 12 月 25 日）。

12　同註 10。

13　土地供應專責小組：《多管齊下 1　同心協力：土地供應專責小組報告》，2018 年 12 月，頁 44。

14　規劃署：《新界棕地使用及作業現況研究》，立法會 CB(1)194/19-20(02) 號文件，資料來源於 https://www.legco.gov.hk/yr19-20/chinese/panels/dev/papers/dev20191126cb1-194-2-ec.pdf（最後訪問時間：2021 年 5 月 21 日）。

15　發展局、土木工程拓展署、規劃署：《物色棕地羣作公營房屋發展》，立法會 CB(1)463/19-20(01) 號文件，資料來源於 https://www.legco.gov.hk/yr19-20/chinese/panels/dev/papers/devcb1-463-1-c.pdf（最後訪問時間：2021 年 5 月 21 日）。

16　發展局、土木工程拓展署、規劃署：《以棕地羣作公營房屋發展（第二階段檢視）及其他發展》，立法會 CB(1)756/20-21(01) 號文件，資料來源於 https://www.legco.gov.hk/yr20-21/chinese/panels/dev/papers/devcb1-756-1-c.pdf（最後訪問時間：2021 年 5 月 21 日）。

17　〈【收回土地條例】劉業強對收地建議有保留：勿以為可盲搶私人地〉，《香港 01》，2019 年 9 月 17 日。https://www.hk01.com/%E6%94%BF%E6%83%85/376337/%E6%94%B6%E5%9B%9E%E5%9C%9F%E5%9C%B0%E6%A2%9D%E4%BE%8B-%E5%8A%89%E6%A5%AD%E5%BC%B7%E5%B0%8D%E6%94%B6%E5%9C%B0%E5%BB%BA%E8%AD%B0%E6%9C%89%E4%BF%9D%E7%95%99-%E5%8B%BF%E4%BB%A5%E7%82%BA%E5%8F%AF%E7%9B%B2%E6%90%B6%E7%A7%81%E4%BA%BA%E5%9C%B0

18　〈梁福元：呎價 1100 元 能購近半祖堂地〉，《文匯報》，2019 年 10 月 6 日，A9 版。

19　〈360 公頃濕地緩衝區 規劃界倡釋出起樓〉，《星島日報》，2020 年 11 月 24 日，A8 版。

20　地政總署：《新訂收回土地特惠補償率》，憲報第 1736 號公告。

21　立法會二十一題：關於兩幅郊野公園邊陲地帶土地的研究，2017 年 6 月 28 日，資料來源於 https://www.info.gov.hk/gia/general/201706/28/P2017062800416.htm（最後訪問時間：2021 年 5 月 21 日）。

22　立法會：香港的郊野公園和受保護地區，2016 年 12 月 8 日，資料來源於 https://www.legco.gov.hk/research-publications/chinese/essentials-1617ise06-country-parks-and-protected-areas-in-hong-kong.htm（最後訪問時間：2021 年 5 月 21 日）。

23　香港房屋委員會：《公屋申請數目和平均輪候時間》，2021 年 5 月 11 日，資料來源於 https://www.housingauthority.gov.hk/tc/about-us/publications-and-statistics/prh-applications-average-waiting-time/index.html（最後訪問時間：2021 年 5 月 21 日）。

24　同註 2。

25　土木工程拓展署：《東涌新市鎮擴展計劃》，離島區議會文件 IDC 120/202，2020 年 10 月，資料來源於 https://www.lantau.gov.hk/filemanager/content/news-and-publications/Islands_District_Council_Paper_IDC120_2020_tc.pdf（最後訪問時間：2021 年 5 月 21 日）。

26　新聞公報：《東涌擴展區分區計劃大綱草圖獲核准》，2017 年 2 月 17 日，資料來源於 https://www.info.gov.hk/gia/general/201702/17/P2017021700374.htm（最後訪問時間：2021 年 5 月 21 日）。

27　新聞公報：《東涌谷分區計劃大綱草圖獲核准》，2017 年 2 月 17 日，資料來源於 https://www.info.gov.hk/gia/general/201702/17/P2017021700390.htm（最後訪問時間：2021 年 5 月 21 日）。

28　發展局、土木工程拓展署：《新界東北規劃及工程研究》，資料來源於 https://www.ktnfln-ndas.gov.hk/tc/index.php（最後訪問時間：2021 年 5 月 21 日）。

29　《洪水橋 / 廈村新發展區撥款申請》，立法會 CB(1)266/19-20(01) 號文件，資料來源於 https://www.legco.gov.hk/yr19-20/chinese/panels/dev/papers/dev20191216cb1-266-1-c.pdf（最後訪問時間：2021 年 5 月 21 日）。

30　規劃署、土木工程拓展署：《元朗南房屋用地規劃及工程研究—勘查研究：行政摘要》，2020 年 5 月，資料來源於 https://www.yuenlongsouth.hk/links/ES_Revised_RODP_cr.pdf（最後訪問時間：2021 年 5 月 21 日）。

31　立法會十四題：公營房屋發展項目，2020 年 6 月 24 日，資料來源於 https://www.info.gov.hk/gia/general/202006/24/P2020062400428.htm（最後訪問時間：2021 年 5 月 21 日）。

32　新聞公報：《洪水橋及廈村分區計劃大綱草圖獲核准》，2018 年 10 月 26 日，資料來源於 https://www.info.gov.hk/gia/general/201810/26/P2018102600350.htm（最後訪問時間：2021 年 5 月 21 日）。

33　同註 18。

34　發展局、土木工程拓展署、規劃署：《立法會發展事務委員會：767CL 號工程計劃—龍鼓灘填海和重新規劃屯門西地區的規劃及工程研究》，立法會 CB(1)328/19-20(03) 號文件，資料來源於 https://www.legco.gov.hk/yr19-20/chinese/panels/dev/papers/dev20200120cb1-328-3-c.pdf（最後訪問時間：2021 年 5 月 21 日）。

35　"No more ghost town: URA plans new homes in CBD, including Shenton Way and Tanjong Pagar", The Straits Times, 27 March, 2019.1 Source: https://www.straitstimes.com/singapore/ura-draft-master-plan-new-homes-in-cbd-farrer-park-dakota-and-east-coast (visited on 21 May, 2021).

36　Urban Redevelopment Authority of Singapore, *Revised Height Controls for Flats and Condominiums*.1 Source: https://www.ura.gov.sg/Corporate/Guidelines/Circulars/dc00-08 (visited on 21 May, 2021).

37　〈緩衝區建屋規劃標準混亂〉，《文匯報》，2020 年 10 月 22 日，A10 版。

第二篇

《開發新界
造福香港》
建議書

將新界打造為「安居之區」、「十四五」規劃
及前海合作「產業之區」、大灣區「融合之區」

新界過去被視為香港與內地的「區隔地帶」，不僅直接阻礙了新界的開發，而且嚴重限制了香港的安居和發展的空間。香港從來沒有像今天這樣需要通過開發新界，來發展香港，造福港人。儘快釋放新界土地，不僅可以解決安居難這個香港市民最為關心的頭號民生難題，而且可以配合「十四五」規劃以及「前海合作區」的產業發展部署，將新界打造成與內地經濟融合的「連接帶」。為此，經民聯特提出《開發新界　造福香港》建議書，建議特區政府以新思維、新規劃、新元素，改變以往視新界為邊陲、邊境的規劃思維，將新界視為香港未來發展的一個中心，全面開發新界，釋放新界土地。

這份建議書的核心內容包括「三大目標」、「三大中心」和「三大效益」。

「三大目標」是：將新界打造為「安居之區」、「十四五」規劃及前海合作「產業之區」、大灣區「融合之區」。

「三大中心」是：構建國際創新科技中心、新界北發展全新的商業中心、發展高增值物流及專業服務中心。

「三大效益」包括：安居效益。預計 10 年內可提供多達 2,674 公頃土地用作興建公私營房屋，至少增加 65 萬至 72 萬個公私營房屋單位，為 182 萬至 202 萬人提供安居之所；就業效益。預計打造國際創新科技中心、新界北全新商業中心和高增值物流及專業服務中心，合共可以提供至少 32.3 萬個就業機會；經濟增長效益。發展國際創新科技中心，估計每年對香港經濟的貢獻可達 923 億元，加上其他產業發展，每年經濟貢獻可達到 1,500 億至 2,000 億元。

一、開發新界三大目標

1. 紓解房屋問題，將新界打造為「安居之區」。

香港房屋問題日益惡化，公屋輪候時間更是居高不下，截至 2021 年 6 月底，一般申請者的平均輪候時間為 5.8 年，是自 2000 年以來的新高。私人住宅樓價亦節節上升，差餉物業估價署 2021 年 7 月私人住宅售價指數創近 26 個月新高，更是連升 7 個月。香港市民除了「住得貴」，亦面對「住得細」的問題。政府數字顯示，香港人均居住面積只有 161 平方呎，公屋租戶的人均居住面積平均數更低至約 145.3 平方呎，大幅落後亞洲多個主要城市的人均居住面積，包括東京的 210 平方呎、新加坡的 270 平方呎以至深圳的 300 平方呎。

新界幅員廣闊，不少都是未開發或使用效率較低的土地。政府在新界有多個規劃中的新發展區、具發展潛力地區及新市鎮擴展項目，包括東涌新市鎮擴展、古洞北／粉嶺北新發展區、洪水橋／廈村新發展區、元朗南發展區、新田／落馬洲發展樞紐、新界北新市鎮及文錦渡物流走廊，當中共有約 600 公頃屬於住宅用地，預計共可容納逾 93 萬新增人口。這不過是新界土地的一小部分，如果釋放更多新界土地作興建公私營房屋，將可大大紓解房屋問題，達到安居目的。

2. 為新興產業提供足夠土地和配套，將新界打造為「十四五」規劃及前海合作「產業之區」。

「十四五」規劃綱要提出支持香港發展「八大中心」，當中 4 個涉及香港傳統優勢產業，包括：支持提升國際金融、航運、貿易中心地位；強化全球離岸人民幣業務樞紐、國際資產管理中心及風險管理中心功能；支持建設亞太區國際法律及解決爭議服務中心；支持服務業向高端高增值方向發展。另有 4 個則是首次納入國家規劃，包括：支持提升國際航空樞紐地位；支持建設國際創新科技中心；支持建設區域知識產權貿易中心；支持發展中外文化藝術交流中心。

中央在 2021 年 9 月出台的《全面深化前海深港現代服務業合作區改革開放方案》，提出推進現代服務業創新發展、加快科技發展體制機制改革創新、深化與港澳服務貿易自由化、擴大金融業對外開放、提升法律事務對外開放水平等，為香港的產業發展注入了新動力。

新界正是配合落實「十四五」規劃以及「前海方案」，為新興產業提供足夠土地配套的最佳地區。新界除了幅員廣闊外，更加毗鄰內地，有 8 個陸路口岸連接粵港澳大灣區內地城市，其中與深圳接壤的口岸更多達 7 個，具備匯聚大灣區人流、物流的地理位置優勢。香港建設國際創新科技中心、區域知識產權貿易中心及提升香港貿易中心地位，都需要足夠的產業用地以及周邊配套，在市區根本不可能為這些產業提供足夠的用地，只有新界兼具區位上的優勢，並且有大量的可規劃發展用地。在粵港澳大灣區建設之下，新界將可聯同

深圳創新科技產業的優勢，攜手構建國際創新科技中心。

3. 在新界發展全新商業中心區，將新界打造為大灣區「融合之區」。

香港多年來面對發展不平衡的問題，主要商業區集中在香港島和九龍，新界發展長期落後，不但導致香港傳統商業區過度集中及擠迫，更導致新界在發展上不均衡，未能發揮商業、就業的功能。居住在新界的市民大多未能在當區就業，需要進出九龍及港島工作，費時失事，也增加新界交通的壓力。開發新界，一個重點是糾正政府以往規劃上的不足，將新界北發展成為全新的商業中心區，既對港九的商業區進行適當的「分流」，也令新界發展更加均衡。

新界開發遲遲未有全面推進，相反與新界一河之隔的深圳發展卻一日千里，成為中國的創科重鎮，與香港毗連的邊境地區更發展成繁榮的「口岸經濟帶」，羅湖、東門成為深圳最先發展的商貿地區，及後隨着皇崗口岸全日通關、福田口岸啟用，更帶動了福田成為深圳核心商貿區；深圳灣口岸 2007 年啟用後，南山、前海一帶更發展成深圳的高新科技重鎮。在新界北發展全新商業中心區，不僅能夠帶動新界以至香港發展，更有助抓緊前海擴區擴容的新機遇。憑着皇崗口岸重建和實施「一地兩檢」的機遇，有利香港發展口岸經濟，助力港深融合。

二、開發新界三大效益

1. 安居效益

開發新界預計 10 年內可提供多達 2,674 公頃土地用作興建公私營房屋，主要包括：1,000 公頃由發展商持有的農地；約 2,400 公頃祖堂地的一半（即 1,200 公頃）；經規劃署檢視後，認為具潛力在短、中期內作公營房屋發展的 12 組共 74 公頃棕地羣；360 公頃濕地緩衝區；元朗大欖及沙田水泉澳共 40 公頃郊野公園邊陲地帶等。據估算，可至少增加 65 萬至 72 萬個公私營房屋單位，為 182 萬至 202 萬人提供安居之所。

2. 就業效益

開發新界建議打造三大中心，包括：國際創新科技中心、新界北全新商業中心以及高增值物流、專業服務中心，預計合共可以提供至少 32.3 萬個就業機會。

在構建國際創新科技中心方面，政府在新界預留了 154.5 公頃土地作創科用途，其中古洞北新發展區的 17.5 公頃及洪水橋／廈村新發展區的 9 公頃土地已在分區計劃大綱圖規劃作創科用途，而元朗工業邨擴建部分的 15 公頃、蓮塘／香園圍口岸的 56 公頃及新田／落馬洲發展樞紐的 57 公頃土地則需要進一步研究。對照佔地 87 公頃的港深創新及科技園可創造約 5.2 萬個職位，估算這 154.5 公頃創科土地可提供逾 9.2 萬個就業機會。

在新界北全新商業中心方面，洪水橋／廈村新發展區共有約 28 公頃土地劃作商

業地帶及提供商業等用途的綜合發展區地帶，粗略估算可貢獻該區 2.8 萬個就業職位。如在鄰近港深創新及科技園的古洞北及文錦渡物流走廊規劃規模相若的商業中心，預計可提供約 5.6 萬個就業機會。而將落馬洲管制站約 20 公頃和羅湖管制站 3 公頃土地建設港深「口岸經濟帶」，估計亦可提供約 2.3 萬個就業機會。按推算，3 個區內商業中心加上 2 個「口岸經濟帶」，合共可提供約 10.7 萬個就業機會。

在高增值物流、專業服務中心方面，預計合共可提供約 12.4 萬個就業機會。其中，洪水橋／廈村新發展區預留約 61 公頃土地作物流設施、港口後勤、貯物及工場等用途，粗略估算可提供 6.2 萬個就業機會。如果在文錦渡物流走廊的物流及專業服務用地規模相若，推算亦可提供額外約 6.2 萬個就業機會。

3. 經濟增長效益

在發展國際創新科技中心方面，政府估計港深創新及科技園的經濟貢獻每年達 520 億元。由此推算，單計在新界發展逾 150 公頃的創新科技中心，每年對香港經濟的貢獻可達 923 億元。加上其他產業發展，每年經濟貢獻可達到 1,500 億至 2,000 億元。

三、開發新界具體建議

1. 改變「邊境思維」，以新思維、新規劃、新元素規劃新界發展。

一直以來，新界土地都未有進行全面規劃。回歸前，港英政府視新界為邊陲地帶，作為「區隔」香港與內地的邊境。回歸後，特區政府雖然着力推動新界發展，但規劃卻流於零碎，依然視之為「邊境規劃」，甚至用來安置發電廠、堆填區、大型墳場及工業區等厭惡性設施。例如，在距離深圳僅數百米的沙嶺，政府計劃在該處興建「超級殯葬城」。在屯門西，堆填區及燃煤發電廠等厭惡性設施多年困擾包括龍鼓灘在內的鄉村居民，也不利於新界的發展。

由於政府一直以「邊境思維」看待新界，規劃上未有將新界的發展潛力充分釋放，導致新界發展既未能有效紓解香港房屋問題，也未能憑藉地理優勢協助香港融入國家發展大局。對於開發新界，特區政府必須有新思維、新規劃、新元素，改變以往視新界為邊陲、邊境的規劃思維，將新界視為香港未來發展的一個中心，全面開發新界，釋放新界土地。

2. 打造新界為「安居之區」。

（1）完善收地賠償機制，大幅提高賠償金額，加快釋放土地。

在收地賠償方面，政府每年都會設定收地賠償率，再按照農地位置劃分甲、乙、丙、丁四級。然而，有關賠償機制是早年制訂，一方面，賠償金額未有因應近年樓價地價急升而調整，四級收地賠償標準也未能與時俱進，令到賠償價格遠低於私人發展商；另一方面，政府以公眾利益收地與保障私有產權原則收地有衝突，政府收地一般以乙級或丙級標準收地，即每平方呎約 500 至 800 多元收地，但業權人卻無

法以相若價錢回購土地。政府以低價收地，再高價賣給發展商，以勾地方式讓發展商建屋，這對土地業權人非常不公平，嚴重影響收地工作。

截至 2021 年 9 月，甲級賠償最高可達每平方呎 1,308 元，最低的丁級只有每平方呎 327 元。為了增加收地吸引力，建議政府大幅提高賠償金額，以甲級賠償金額為起點，所有收地以不低於甲級標準作賠償，並按地價走勢等因素適時調整賠償金額。

長遠而言，政府可將四級賠償制改為甲、乙兩級，乙級的賠償金額為原來甲級的每平方呎 1,308 元，至於新的甲級賠償則適用於具有較高重建價值的土地，包括地點、鄰近的居住人數都符合一定水平的土地，賠償金額設定為每平方呎 1,308 元以上。

關於棕地作業者的賠償、搬遷，政府應加強與鄉議局和棕地作業持份者溝通，確保重置安排符合業界所需，同時設立具高透明度的機制，對持份者作出合理賠償或搬遷安排。

表一：完善收地賠償機制

原有安排	
等級	賠償金額（每平方呎）
甲	1,308 元
乙	817.5 元
丙	545 元
丁	327 元
建議安排	
等級	賠償金額（每平方呎）
甲	1,308 元以上
乙	1,308 元

（2）**降低門檻，增加物業補償，釋放祖堂地。**

截至 2021 年 9 月，有逾 2,400 公頃祖堂地遍布於新界各地。祖堂地泛指由整個宗族、家族（「祖」）或「堂」等傳統組織、而非個人擁有的新界鄉村土地。每個祖堂都須由委任司理管理，司理須取得當區民政事務專員發出的同意書，方可出售土地。當司理提交土地轉讓申請，民政事務處就會發出通告，若限期前收到祖堂持份者提出反對意見，申請便不能通過，變相需要所有祖堂持份者一致同意和授權，窒礙發展進度。

針對祖堂地轉讓困難，政府應拆牆鬆綁，修例降低門檻。例如，參考樓齡達 50 年以上的舊樓強制拍賣門檻，由獲得所有祖堂持份者一致同意，降至八成甚至七成持份者同意，或獲得宗族各房或分支的負責人同意。

補償方面，除了確保現金補償不會與市價脫節外，政府亦可考慮建屋後把一定比例單位留給祖堂持份者，令祖堂由持有土地變為持有物業，除獲得應有補償外，亦可繼續維繫氏族。政府亦可考慮准許祖堂與其他機構合作發展土地，並保留項目部分權益以獲永續收益，從而增加私人住宅供應。

表二：降低祖堂地轉讓門檻

原有安排
·無任何祖堂持份者提出反對意見
建議安排
·70% 至 80% 持份者同意，或；
·宗族各房或分支負責人同意

（3）**發展郊野公園邊陲地帶。**

郊野公園邊陲地帶屬於政府土地，鄰近已發展地區，且無人居住及營運作業，如改劃成住宅用地，毋須處理賠償及安置

問題，大大降低時間和金錢成本。政府應儘快研究發展郊野公園邊陲地帶，包括儘早啟動原來有關元朗大欖及沙田水泉澳兩個試點逾 40 公頃土地的建屋安排，並着手研究在其他鄰近已發展地區、生態價值低的郊野公園邊陲地帶建屋的可行性。

長遠而言，需檢視《郊野公園條例》，使條例適時及合乎社會需要，政府應該在適當保護郊野公園的大前提下，改劃 3%（約 10 平方公里）生態價值較低的郊野公園邊陲、位處市區與郊野公園之間的「綠化地帶」作為建屋之用。

（4）檢討土地共享先導計劃，放寬限制，提高建屋效率。

土地共享先導計劃於 2018 年《施政報告》中提出，政府希望藉此釋出農地發展潛力，與土地業權人共同發展私人擁有土地，增加公私營房屋供應。計劃於 2020 年 5 月起接受申請，惟設有多項限制，包括位於新發展區或新市鎮擴展項目內的土地不符合申請資格、不少於七成的總樓面面積須撥作公營房屋或「首置」發展、補地價程序須於 18 至 24 個月內完成等，截至 2021 年 9 月僅接獲 3 宗申請，涉及的公私營單位不足 2 萬個。

政府應以加快供應土地為大前提，儘快檢討土地共享先導計劃細節，放寬限制，在公私營房屋比例及地積比等方面增加彈性，例如調整計劃下新增住用樓面的公私營房屋比例至 5：5 或 6：4，吸引發展商更踴躍參與計劃。

（5）平衡發展需要和新界居民訴求，為居民創造安居環境。

在開發新界的過程中，政府應平衡發展需要和居民訴求，按個別地區的實際情況調整發展規模。例如，政府計劃在屯門龍鼓灘填海約 220 公頃作工業用途，並重新規劃屯門西地區包括內河碼頭及沿海地帶作住宅用途。然而，龍鼓灘居民卻認為填海規模太大、太接近鄉村範圍，且作為工業用途，擔心區內的空氣和噪音等污染會更嚴重，而區內本身已有堆填區、水泥廠等設施，交通流量已十分大，再在區內興建大量房屋會增加負荷。建議政府在龍鼓灘發展上相應減少填海面積，同時選擇在較鄰近棕地作業範圍填海，所得土地主要用作興建房屋，而非再為該區增加工業用地。更為重要的是，政府需改善該區的交通網絡，以紓緩長久以來的交通問題，並配合日後發展，以爭取當區居民的支持。

此外，隨着推動減廢和轉廢為能，香港不應再過度依賴堆填區處理垃圾，政府應積極探索其他對土地需求及環境影響較低的垃圾處理選項，例如興建新型焚化爐。政府應為新界西堆填區關閉及修復制訂時間表，並在修復後闢作公園或興建其他康樂設施。同時，為改善該區空氣質素，建議政府考慮取締以煤為燃料的青山發電廠，為居民創造安居環境。

3. 打造新界為「十四五」規劃及前海合作「產業之區」。

（1）新界規劃應延伸及配合河套區發展，構建國際創新科技中心。

「十四五」規劃以及「前海方案」都明確了香港構建國際創新科技中心的定位。新界北毗鄰深圳，而且與落馬洲河套地區相連，具有與深圳合作發展創新科技產業的巨大優勢。新界北在規劃上應配合港深

的創科發展需要，從產業政策角度出發，全面配合發展「大灣區國際科技創新中心」。

例如，打鼓嶺區港深邊界沿線長達 12 公里，有 600 公頃以上可供整體規劃發展的土地，又有 3 個港深陸路口岸，包括羅湖、文錦渡及蓮塘／香園圍，有條件發展成創科產業區。

位於落馬洲河套的港深創新及科技園，第一批建築估計將於 2024 年落成，全面發展後料可創造約 5.2 萬個本地職位。隨着新界北的發展，預計將會有大批工作人口湧入該處，在規劃上除了要顧及科技創新中心的發展需要外，也要顧及工作人口的居住以及商貿需要，在規劃上應在周邊新田古洞一帶發展成商住區，做到商業發展與住宅並存，形成一體化的商住區，不能令港深創科園成為孤島。

（2）把握前海發展機遇，加快港深創科園建設，與深圳發揮協同效應。

前海合作區一個重點是探索科創經濟之路。政府應完善跨政策局協調，及早制訂相關配套政策，包括資金和人才過河、便利出入境政策等，鼓勵更多先進科網企業進駐港深創新及科技園。例如，可為在園區創業和就業人士提供專屬通行證和便利通道，甚至設立新口岸，便利兩地人員往來。

此外，園區交通規劃及與周邊土地的協同發展亦應強化，如在周邊用地提供住宿等配套設施，帶動周邊發展之餘，騰出更多園區空間作工商業用途。

資金方面，建議適當考慮運用庫房以外的融資方式。例如，善用未來基金儲備、發債集資等，並提供誘因吸納私人資金參與園區建設，維持園區發展的可持續性。

港深創新及科技園公司在制定園區發展策略和規劃時，應適時諮詢業界人士及相關持份者的意見，確保園區的重點產業不會與科學園及數碼港的重點發展產業重疊，亦讓園區設備及配置能與已有規劃及設施互相配合。

（3）在新界北設立大灣區人工智能研究重點基地，重點發展大灣區醫療科研產業鏈和人工智能產業。

新冠疫情肆虐全球，醫療產業成為全球最矚目的產業。香港有不少醫療科技產業近年發展迅速，在當前各國對於醫療科技需求殷切的環境下，香港應加強防疫抗疫科技產業的發展。

大灣區內坐擁不少人工智能公司和手機生產商，為科研應用帶來機遇。香港具有完備的智慧財產權立法、法律保護和執法制度，涵蓋智慧財產權保護的所有範疇，可以為大灣區人工智能科研成果提供完善智慧財產權保護及專利註冊服務，並且加強全球範圍內智慧財產權的交流合作，促進智慧財產權保護和交易。

建議在新界北設立大灣區人工智能研究重點基地，重點發展大灣區醫療科研產業鏈和人工智能產業，以稅務和租務優惠吸引更多內地和海外科技企業及大灣區內相關研究機構進駐，並利用羣聚效應吸引海外科研機構加入，同時匯聚環球人工智能科研人員。

此外，政府應結合大灣區內先進醫療及創新研發優勢，以專項基金等方式鼓勵院校、科研機構及製造業合力研發新醫療和防疫所需用品，並支援製造業將科研成果轉化為產品，進行量化生產。

（4）在新界建設「法律爭議仲裁中心」。

「前海方案」提出，在前海合作區內建設國際法律服務中心和國際商事爭議解決中心，探索不同法系、跨境法律規則銜接；探索完善前海合作區內適用香港法律和選用香港作仲裁地解決民商事案件的機制。隨着前海合作區的擴大和發展，越來越多港企進入前海經營，當中可能出現各種法律訴訟。司法訴訟成本沉重，利用調解仲裁解決民商事案件不但符合各方利益，也有利於兩地法律協作。

香港不僅擁有法律制度與外國接軌、認受性較高、法律人才儲備豐富等多項優勢，而且是國際仲裁服務的重鎮。香港已通過簽署《紐約公約》以及與內地和澳門分別簽訂的相互執行仲裁裁決的安排，保障在香港作出的仲裁裁決，可以在全球超過150個國家和地區得到承認與執行。

建議香港與內地的仲裁組織如北京仲裁委員會、中國國際經貿仲裁委員會等合作，組建「前海法律爭議仲裁中心」，發揮彼此不同的優勢，並以香港普通法為主處理在前海相關的法律仲裁案件，與內地共同開展國際商事爭議解決業務。有關中心可選址於新界，以便利兩地。

（5）增加創科和工業用地供應。

香港在創科和工業用地供應方面遠遠不足，預留作創科用途的土地面積只有約150公頃，當中包括位於蓮塘／香園圍口岸附近約56公頃土地。政府於2020年3月表示香港科技園公司正進行研究，以制定合適的工業邨土地使用方案。

建議善用新界土地作為創科和工業用地，儘早確立長遠的創科土地規劃，完成相關法定程序和招標／招租工作，以便本

地和海外創科企業及早制訂落戶香港和擴大規模的業務規劃，配合未來創科發展。政府同時應檢討和完善過時的土地規劃制度，以配合先進創新製造業的發展目標，另外亦應適度放寬土地的地積比率，調整合規要求，推動舊工業區的活化更新。

（6）於新界設立專門的創新及科技學院。

香港致力推動創新及科技發展，但卻面對人才短缺的問題。雖然香港各所大專院校和職業訓練局有提供與創科相關的課程，但有關課程較為分散和零碎，未能配合政府的政策目標和市場需求，難以有效達致「官、產、學、研」的有機結合。

建議於新界北撥款設立創新及科技學院，集中培訓創科產業人才，促進全球不同地區與本地的專家和研究員的交流，推動研究成果商品化，創造經濟價值。

4. 打造新界為大灣區「融合之區」。

（1）在新界北發展全新的商業中心區。

香港多年來面對發展不平衡的問題，主要商業區集中在香港島和九龍，不但導致香港傳統商業區過度集中及擠迫，更導致新界在發展上不均衡。在粵港澳大灣區建設和「十四五」規劃之下，新界幅員廣闊、毗鄰內地的優勢越見明顯，成為香港發展「八大中心」的新驅動引擎。在新界北發展全新的商業中心區，既可對港九的商業區進行適當的「分流」，也可服務於創科產業及其他高端高增值服務業。

《香港2030+》提出將新界北至九龍塘一帶打造成東部知識及科技走廊，並在古洞北、落馬洲河套區及蓮塘／香園圍口岸預留土地，發展創新產業。然而，要吸引

結伴而行　共建香港美好家園

創科產業進駐，必須有全面的規劃，尤其是商業的配套發展。建議在新界北規劃發展新的商業區，定位為香港的另一個重要商業中心區。例如，洪水橋／厦村新發展區地理位置優越，往南連接香港國際機場及港珠澳大橋，往北連接深圳灣口岸；還有文錦渡等地區，同樣具有發展商業區的地理優勢。

建議當局在新界北規劃足夠的商業用地，包括辦公室、酒店及零售等地，以吸引更多企業將辦公室設於新界，既可帶動新界的發展，提供大量的就業崗位，亦令新界的規劃更加完善，新界居民可以留在當區工作，減少交通時間，也減輕新界交通的壓力。

（2）抓緊「一地兩檢」契機，規劃港深「口岸經濟帶」。

在深圳，口岸地區已經發展成「口岸經濟帶」，產生較大的經濟效益。深圳市政府更正在推動多個陸路口岸改造，包括在皇崗口岸、羅湖口岸實行「一地兩檢」，期望打造港深「口岸經濟帶」，反之香港未有充分重視口岸經濟功能，用好新界位處大灣區中心地帶的區位優勢。

建議政府抓緊落馬洲管制站和羅湖管制站搬遷到深圳一側實行「一地兩檢」，因而騰出大量土地的契機，加強與深圳的互利互補合作，在各口岸共同規劃建設港深「口岸經濟帶」，擴大商貿、商住的規劃區域。

（3）善用口岸優勢，發展高增值物流、專業服務中心。

新界北共有 7 個港深陸路口岸，物流往來在疫情期間從未間斷，而跨境電子商務活動急速增長，對物流服務的需求有增無減，要求也日益提高。新界北特別是鄰近主要物流通道的文錦渡及洪水橋一帶，有潛質發展成為高增值物流中心，透過建設現代化專門物流設施，配合日趨複雜的區域供應鏈和大灣區高增值生產的發展。

與此同時，香港在市場推廣、產品開發和檢測及認證等專業服務都有明顯優勢，新界北也可借助鄰近口岸之便，大力發展這些專業服務，讓來自內地或在新界設廠的客戶能更方便、快捷獲得服務。

（4）開放禁區，建立深港沙頭角國際文化旅遊消費合作區。

邊境禁區是指設於新界北區沙頭角、羅湖、文錦渡、打鼓嶺、蓮麻坑及元朗區落馬洲一帶的禁區範圍。政府 2008 年宣布，縮減邊境禁區的覆蓋範圍，由約 2,800 公頃減至約 400 公頃。已釋放約 2,435 公頃邊境禁區範圍當中，約四成屬於綠化地帶，合計約 48% 是林地、灌叢、草地。

為配合開發新界，政府應繼續開放邊境禁區範圍，有關土地更要地盡其用，綠化地帶等面積應該減少。例如，752 公頃魚塘和農業用地實在太多，政府應研究將部分土地轉為住宅或其他發展，以配合建屋及經濟發展的需要。

至於位於禁區內的沙頭角墟，政府可採取先易後難的方式，在繼續保留中英街禁區的前提下，先開放沙頭角墟的大部分範圍，同時研究全面開放沙頭角墟禁區，日後以沙頭角墟為樞紐，利用位於禁區內的沙頭角公眾碼頭帶動附近外島如吉澳島、印洲塘海岸公園的旅遊業發展，以及與深圳鹽田區合作，建立深港沙頭角國際旅遊消費合作區，深化文化、旅遊、經貿

等多方面的交流。合作應更着重文化元素，以配合「十四五」規劃支持香港發展中外文化藝術交流中心。

5. 基建先行，完善交通規劃。

（1）配合國家策略，推動交通基建。

新界開發應以基建先行為原則，及早完善交通規劃。在興建鐵路、公路等大型交通基建方面，政府一直沿用需求主導方式，在已有設施飽和時才開始推展新基建，通達度不足拖慢新發展區的發展進度。政府在開發新界的過程當中，應實行基建先行的方針，主動提供交通基建配合未來發展需要。

建議參考國務院發表的《中國交通的可持續發展》白皮書，採納「以交通運輸作為經濟發展」的先行觀，以及「先行引導、適度超前」的原則，為本地經濟和社會發展提供堅實基礎和有力保障。

隨着香港與內地的人流物流越趨頻繁，兩地交通基建聯繫應進一步完善，包括強化廣深港高速鐵路香港段、港珠澳大橋、蓮塘／香園圍口岸和新皇崗口岸等新基建的作用，以及強化香港國際機場與東莞、珠海等大灣區機場的合作，發揮香港作為區域交通和物流樞紐的角色。

（2）加快《鐵路發展策略2014》落實進度，推進新界地區鐵路發展。

《鐵路發展策略2014》落實進度滯後，需要全速追回，包括儘快推展北環綫工程，應付港深創新及科技園首批大樓、古洞北新市鎮及新田／落馬洲發展樞紐發展步伐，同時亦應研究興建第三條連接香港南北地區的鐵路綫，為規劃中的新田／落馬洲發展樞紐、新界北新市鎮以及文錦渡物流走廊作出前瞻性交通規劃。

政府在推展《跨越2030年的鐵路及主要幹道策略性研究》時，應重新考慮興建屯荃鐵路，同時積極推動邊境鐵路發展，包括探討港深創新及科技園鐵路接駁的可能性，以及儘快研究和確定港鐵北環綫與新皇崗口岸的接駁方案，並從速展開工程，便利兩地人員往來和交流。

政府亦應儘快成立專責部門負責鐵路規劃和建造的相關工作，加快鐵路項目有序落實。

（3）拓展跨境鐵路，於洪水橋設新鐵路線連接深圳前海。

根據「前海方案」，前海合作區的總面積擴大至原來8倍，將成為未來港深合作的重要根據地，可以預期前海與香港的跨境交通需求將會急增。洪水橋／厦村新發展區鄰近前海，興建交通基建連接兩地，不但可滿足未來的龐大需求，更可帶動洪水橋一帶發展成為新界北的重要商業區。

深圳方面正在建設前海綜合交通樞紐，並已預留位置興建深港出入境口岸及港深西部快軌車站。在香港方面，政府早在《鐵路發展策略2014》已提及興建連接前海及洪水橋的港深西部快速軌道跨界支線，但當時卻稱項目財務可行性成疑，故未訂下具體目標。

港鐵屯馬綫洪水橋站預計於2030年落成，而政府在規劃洪水橋／厦村新發展區時，已在洪水橋站前預留地皮，供日後在地底興建車站及跨境鐵路連接前海。政府應把握新界北及前海發展的機遇，立即就洪水橋及前海跨境鐵路作出可行性研究，制訂具體方案儘快拍板興建，並與屯馬綫

洪水橋站無縫對接，方便跨境旅客。

（4）檢討 5 條新界橋隧收費，增加市民「進駐新界」的誘因。

建議政府降低甚至豁免 5 條新界隧道收費，包括大老山隧道、大欖隧道、尖山至沙田嶺隧道、城門隧道及獅子山隧道，以紓緩新界居民往返市區的財政壓力，以及增加發展商「開發新界」和市民「進駐新界」的誘因。

隨着越來越多人前往新界居住或工作，新界連接市區的道路建設亟待加快。新界西方面，政府應積極推展 11 號幹線和屯門繞道工程，以期早日完工，解決居民往返市區道路交通擠塞問題。而在新界東，鑒於吐露港公路和粉嶺公路在繁忙時段已飽和，無法應付未來新界東北發展的交通需求，建議持續優化並擴闊吐露港公路和粉嶺公路，並積極考慮興建另一條連接新界東北和市區的道路基建。

2021 年 9 月

第三篇

《構建粵港澳大灣區金融機構「單一通行證」制度》研究報告

建議粵港澳大灣區借鑒歐盟的經驗，構建粵港澳大灣區的金融機構「單一通行證」制度，以創新金融機制和監管模式，打造資金在大灣區流通的「高速通路」。具體包括 10 點建議：1. 設立三地政府組成的大灣區金融事務委員會及「單一通行證」管理機構，制定《粵港澳大灣區單一通行證章程》；2. 特區政府應該抓住實施「單一通行證」的契機，制定與大灣區金融相關的發展藍圖和政策措施，進一步提升香港的國際金融中心地位；3. 降低准入門檻，讓更多香港金融機構符合大灣區「單一通行證」申領條件；4. 加強支援中小型金融機構，提升他們利用「單一通行證」進入大灣區金融市場的競爭力；5. 將香港定位為「單一通行證」制度下外資進入大灣區的主要註冊平台，吸引國際機構投資者透過香港進入大灣區金融市場；6. 加快推動設立「大灣區國際商業銀行」，配合大灣區實行「單一通行證」的資金流需求；7. 在香港設立大灣區跨境金融事務法庭和仲裁中心，統一處理大灣區內的跨境金融糾紛，提高金融糾紛處理效率；8. 加強兩地金融互聯互通的廣度和深度，做好擴容準備，以適應「單一通行證」實施後各金融機構的業務需求；9. 以大灣區實行「單一通行證」為契機，推動香港離岸人民幣市場升級換代；10. 在大灣區「單一通行證」制度下，香港金融業界應該大力拓展資產管理服務，以適應大灣區對資產管理的金融需求。

粵港澳大灣區金融一體化，是大灣區建設的重要內容和目標，也是香港金融業發展的重大機遇。然而，大灣區內金融限制多，香港的金融機構進入大灣區珠三角城市門檻高、障礙多、手續繁複，大灣區的金融業發展困難重重。國家主席習近平在深圳經濟特區建立40周年慶祝大會上的講話明確提出，要抓住粵港澳大灣區建設重大歷史機遇，推動三地經濟運行的規則銜接、機制對接，提升市場一體化水平。如何按照習主席的要求，加強體制創新，加快推進大灣區一體化，進一步做大做強香港的金融產業，是香港金融業界的強烈呼聲。

歐盟「單一通行證」制度是維繫歐洲金融市場一體化的重要措施，區內成員國獲得註冊的金融機構取得認證許可後，便可在歐盟或歐洲經濟區全境自由營業。這個制度涵蓋銀行、證券市場服務、保險公司等金融機構，具體包含四個要素：金融機構准入便利、監管機構信息共享、遵循最低准入標準、跨區協調監管，目的是最大程度降低金融機構成本、減少限制、鼓勵資金區內流動。建議粵港澳大灣區借鑒歐盟的經驗，構建粵港澳大灣區的金融機構「單一通行證」制度，以創新金融機制和監管模式，打造資金在大灣區流通的「高速通路」，既幫助香港業界開拓大灣區業務，又加快推進大灣區金融一體化，為國家加快形成「雙循環」新發展格局提供有力的金融支撐。

一、設立管理機構 制定發展藍圖

1. 設立三地政府組成的大灣區金融事務委員會及「單一通行證」管理機構，制定《粵港澳大灣區單一通行證章程》。

粵港澳三地政府需共同組成大灣區金融事務委員會，負責制定《粵港澳大灣區單一通行證章程》。該章程主要包括兩方面的內容：

第一，遵循最低標準，機構准入便利。

章程明確規定一套取得通行證的最低標準，規定擁有通行證的金融機構均被視為符合區內共同確認的最低准入資格，取得認證許可後，可在大灣區自由營業，避免金融機構開展區內跨境業務重新申請各類牌照的複雜流程，大幅度減少粵港澳三地金融機構跨境准入的制度限制和營運成本及時間。這是「單一通行證」制度的核心內容。

第二，跨區協調監管，區內信息共享。

章程規定設立超越各成員行政權的統一管理機構，專門負責「單一通行證」的實施和監察。這個管理機構主要有三方面的功能：一是設立「單一窗口」，統一處理不同金融機構的通行證申請；二是加強大灣區金融風險管理，包括制訂大灣區金融風險對策，加強金融安全建設，防範內外金融風險，監管並通報金融機構違規行為；三是實施信息共享機制，提供有關「單一通行證」的政策信息和營商資訊，提高大灣區金融監管透明度，實現監管信息標準化。

2. 特區政府應該抓住實施「單一通行證」的契機，制定與大灣區金融相關的發展藍圖和政策措施，進一步提升香港的國際金融中心地位。

中央加快推進粵港澳大灣區建設，既是為進一步深化改革、擴大開放，建設高水平參與國際經濟合作的新平台，也是為保持港澳長期繁榮穩定、為「一國兩制」行穩致遠奠定堅實基礎。從擴大開放的角度來看，規則銜接、機制對接，應該是偏重珠三角城市與香港銜接和對接，這對香港有利，也是建設高度開放大灣區的需要。因此，實行大灣區「單一通行證」制度，肯定有利於香港金融業界進入珠三角城市，加強香港金融在大灣區的實質地位。特區政府應該抓住實施「單一通行證」的契機，制定與大灣區金融相關發展藍圖和政策措施，進一步提升香港的國際金融中心地位。

第一，特區政府需要提出「支持鞏固和發展香港國際金融中心地位」、「強化香港全球離岸人民幣業務樞紐地位」、「促進大灣區跨境投融資便利化」、「提升大灣區金融服務創新水平」等一系列用好「單一通行證」的政策目標，推動粵港澳三地金融基礎設施和宏觀政策協調，加快實現大灣區金融一體化。

第二，特區政府需撥款設立香港國際金融中心升級專項資助計劃，以對接「單一通行證」制度，包括推動本港金融監管機構、銀行和金融機構引進、更新金融交易結算系統和設備，資助合資格券商聘請科技人員提升金融科技等。

第三，鼓勵更多國內外金融機構落戶香港，利用外引內聯的優勢，在香港使用大灣區「單一通行證」展開金融業務，加強

區域金融產業鏈集羣，鞏固香港金融優勢。

二、實施配套安排

1. 降低准入門檻，讓更多香港金融機構符合大灣區「單一通行證」申領條件。

香港金融服務機構包括大量中小型金融機構具有豐富投資經驗，熟悉國際金融市場，擁有良好企業管理質素的金融人才，是推動大灣區金融一體化的寶貴資產。然而，許多信譽良好、歷史悠久、作風穩健的中小型金融機構因各種規定和門檻問題，不能進入大灣區的珠三角城市經營金融業務。這無論對於香港金融業界還是對於大灣區金融業的發展，都是一種損失。

建議特區政府爭取中央支持，在制定「單一通行證」制度時，降低中小型金融機構的准入門檻，讓更多的香港金融機構符合申領「單一通行證」的條件，通過「單一通行證」機制進入大灣區，以便更好地發揮香港金融服務業的優勢，助力推動大灣區金融發展。

為切實照顧中小型金融機構的實際情況及其在大灣區的發展空間，建議邀請包括中小型金融機構在內的各類金融主體同業，參與制定大灣區「單一通行證」，形成確立一套得到廣泛認可、有利香港金融業界拓展大灣區業務的最低標準。

2. 加強支援中小型金融機構，提升他們利用「單一通行證」進入大灣區金融市場的競爭力。

香港中小型金融機構是支持境內外資金流的重要中介，大灣區金融市場是香港中小型券商的重要出路。特區政府需要加強支援中小型金融機構，提升他們利用「單一通行證」進入大灣區金融市場的競爭力，強化香港金融服務產業鏈對接大灣區市場的能力。具體建議有四點：

一是設立中小型金融企業扶助基金，在人才和經營成本上扶持中小型金融機構進入大灣區市場。

二是調整首次公開招股（IPO）發售模式，研究在公開發售部分撥出一定比例股份予中小券商供客戶申請認購，讓中小券商有機會為大灣區投資機構和人員提供更多元化的金融產品和服務。

三是根據券商規模資助聘請資訊科技人才，例如 30 人以上券商可資助聘請 2 人，30 人以下可聘請 1 人，資助時間可暫定為 12 個月，讓券商可推動金融科技服務，更好對接內地金融科技形勢。

四是進一步放寬科技券資助規定，將自費比例降至十分之一。

3. 將香港定位為「單一通行證」制度下外資進入大灣區的主要註冊平台，吸引國際機構投資者透過香港進入大灣區金融市場。

香港是外資企業進入內地的重要平台。大灣區實行「單一通行證」制度之後，將會有更多外資金融機構以香港為支點進入大灣區金融市場。建議特區政府爭取中央支持，將香港定位為「單一通行證」制度下外資進入大灣區的主要註冊平台。特區政府需加強「單一通行證」註冊的人員、資源、設備和行政配套，同時為在港取得「單一通行證」的註冊外資金融企業，做好銜接內地金融業務的服務，以吸引更多國際機構投資者透過香港進入大灣區金融市場，充分發揮「單一通行證」註冊的集聚效應，進一步加強香港的國際金融中心地位。

4. 加快推動設立「大灣區國際商業銀行」，配合大灣區實行「單一通行證」的資金流需求。

實行「單一通行證」將帶動更多大灣區資金流需求。在歐洲，歐元區的中央銀行具有整合和推動歐盟和歐元區金融和貨幣政策的角色功能。粵港澳大灣區內有三種不同貨幣制度，加上內地有外匯管制，需要由三地金融機構聯合設立粵港澳大灣區國際商業銀行，共同打造一個超級金融機構，為大灣區設立一個獨特的資金池，提供特定服務和安排，讓人民幣、港幣和澳門元在區內有一定的自由兌換空間，為區內「單一通行證」下的金融機構和有需要企業及投資者提供所需資金。

2020 年 5 月，內地監管部門出台《關於金融支持粵港澳大灣區建設的意見》，提出研究探索在廣東自貿試驗區內設立粵港澳大灣區國際商業銀行。9 月，廣州地方金融監管局發布《關於貫徹落實金融支持粵港澳大灣區建設意見的行動方案》，提出加快推動在廣東自貿試驗區廣州南沙新區片區設立粵港澳大灣區國際商業銀行。香港作為大灣區的國際金融中心和全球最大的人民幣離岸市場，具備健全的海內外銀

行業務系統。特區政府應該爭取中央支持擔當主導角色，為大灣區國際商業銀行提供金融資源和專業人才，既加強大灣區國際商業銀行的開放性和國際化特色，又為香港的金融業拓展更大的發展空間。

5. 在香港設立大灣區跨境金融事務法庭和仲裁中心，統一處理大灣區內的跨境金融糾紛，提高金融糾紛處理效率。

在歐盟，「單一通行證」受到金融市場法律框架約束，具有共同參照的適用法律框架。粵港澳大灣區境內外的金融機構通過「單一通行證」，在大灣區內開設分支機構，提供金融服務，相關的金融糾紛需要共同參照的相應法律機制處理。然而，港澳與內地司法管轄權不同，適用法律也不一致，在金融糾紛的處理上存在不同標準，處理效率也不高。

香港特區擁有與國際接軌的完善法律制度，沿用國際商貿界熟悉的普通法法制。被認為是國際商事領域重要的爭議解決公約的《紐約公約》適用於香港，香港作出的仲裁裁決可獲超過 150 個締約地及組織執行，粵港澳三地也具備妥善處理跨境投資爭端的調解機制基礎。以香港為大灣區的爭端解決法律中心，負責審理和仲裁大灣區的金融糾紛，將有助增強境內外機構和人員對大灣區的投資信心。建議儘快在香港設立大灣區跨境金融事務法庭和仲裁中心，在遵循國家金融法律法規的前提下，參照國際通行規則，用好香港法制和仲裁制度資源，建立金融糾紛調節快速處理機制，統一處理大灣區內的跨境金融糾紛，提高金融糾紛處理效率。

6. 加強兩地金融互聯互通的廣度和深度，做好擴容準備，以適應「單一通行證」實施後各金融機構的業務需求。

大灣區實行「單一通行證」，金融機構有條件推動更多互聯互通產品，編織更緊密細緻的大灣區金融一體化網絡，將大灣區金融互聯互通效益推向更高水平，以搭建更多元化的內外資金渠道，促進「國內國際雙循環」。

香港是著名的國際金融中心，沒有外匯管制，資金可以自由進出，具有一套嚴格有效的金融體系規管機制，得到境內外投資者認可，具有積極發展衍生產品市場的優勢。建議特區政府爭取中央支持香港與內地金融互聯互通措施額度規模和融通深度進一步擴容，包括推出更多互聯互通產品、爭取上調滬深港股通每日額度等，以適應「單一通行證」實施後各金融機構的業務需求。

7. 以大灣區實行「單一通行證」為契機，推動香港離岸人民幣市場升級換代。

「單一通行證」制度將會帶動更多外資金融機構透過香港進入大灣區金融市場，加上「國內國際雙循環」強力驅動，香港的人民幣離岸市場將更深更廣更大。香港應以大灣區「單一通行證」為契機，進一步發揮離岸人民幣資金池優勢，拓展數字人民幣試點、人民幣債券、人民幣衍生品、第三方使用香港人民幣服務平台、國際人民幣財富管理中心等業務，推動香港作為全球最大離岸人民幣市場的升級換代，以

應對美元貨幣風險和人民幣提速國際化需要，配合「國內國際雙循環」的人民幣流通需求。

8. 在大灣區「單一通行證」制度下，香港金融業界應該大力拓展資產管理服務，以適應大灣區對資產管理的金融需求。

隨着國家經濟快速發展，內地社會財富大量積累，形成對私人財富管理的殷切需求。對於香港金融業界來講，如何在股票、地產、銀行產品為主導的三種投資渠道之外，提供理財服務，具有巨大的拓展空間。

香港是亞洲最大的國際資產管理中心，亦是亞洲最大的國際私人財富管理中心、對沖基金中心及第二大私募基金中心，資產管理市場躋身全球前列，資產管理業務穩步發展。香港證監會發布執行的《證券及期貨條例》第 9 類受規管業務資格牌照是資產管理牌照，持有該牌照，意味着在國際資本市場上獲得「通行證」，不僅可直接參與境外投資，還可管理運用海外投資者的資金，體現香港在資產管理業務的國際視野和廣泛聯繫能力。

在大灣區「單一通行證」制度下，香港金融業界應該大力拓展資產管理服務，以適應大灣區對資產管理的金融需求。建議以香港的牌照互認作為提供大灣區資產管理服務的一個准入條件。香港業界可以憑藉優良資產管理服務的優勢，介紹並提供更多優化投資效益的概念和組合，為大灣區企業和市民提供更多種類的基金、債券、股票以至海外集資產品，多元擴寬投資渠道，引導大灣區資金進入更廣泛的國際投資市場，同時調動境外收益再投資大灣區市場，為「國內國際雙循環」提供金融支持。

2020 年 11 月

第四篇

《公屋重建》
研究報告

經民聯提出「25 萬公屋重建計劃」，分階段重建 26 個舊屋邨，可以產生三方面的巨大效益：一是經估算，具有重建潛力、但未有重建計劃的 26 個舊屋邨，按照綜合發展區最高住用地積比率 6.5 倍，以及每個單位面積 35 平方米（約 377 平方呎）估算，重建後將可提供多達 360,000 個單位，比原本的 105,000 個單位多出約 255,000 個單位，增幅達 242%，可以持續、穩定地增加公屋供應，完全消化約 260,000 宗的公屋輪候冊人龍；二是可以全面改善舊屋邨居民居住環境，節省大量的維修保養開支，令每年已突破 40 億元的房委會租住房屋維修及改善工程開支可望大減；三是重建工程最少可創造約 190,000 個就業職位，如以 20 年時間推行，每年可創造逾 9,500 個職位。

具體建議有 7 項：1. 儘快推出大型公屋重建計劃，制訂可操作的指標，分階段重建 26 個舊屋邨，並在《長遠房屋策略》中作出政策宣示；2. 制訂「公屋重建計劃」，為重建舊屋邨定下路線圖及時間表，並每年審視重建進度，確保重建有序推行；3. 嚴格監督房委會執行重建的進度，並注資房委會設立公屋重建基金，專款專用，為重建提供財政支持；4. 分 5 區整合公屋資源，集中動用同區單位安置受影響居民，加快重建進度；5. 房委會與房協展開策略性重建項目，整合土地資源，共同推動重建；6. 加快推動重建房委會工廈為公屋，並與公屋重建計劃相配合，將落成單位悉數用作安置受重建影響的公屋居民；7. 積極推動將公共設施遷進岩洞，騰出土地興建公屋，落成單位用作安置受重建影響的公屋居民。

行政長官林鄭月娥在 2020 年《施政報告》中宣布，已全數覓得興建 316,000 個公營房屋單位的 330 公頃土地，滿足 2021/22 至 2030/31 年度 10 年公營房屋需求，受到社會的關注和重視。然而，由於土地開發存在一些不確定性，能否達標存有疑問，公屋輪候時間長達 5.6 年的問題難以解決，而且，大量居住日久失修舊屋邨的公屋居民生活環境也不會因為新建公屋而得到改善。經民聯認為，大規模重建已發展區域的舊式公共屋邨，不僅是增加公屋供應的主要來源，而且是改善舊屋邨居民居住環境的必要安排。

一、公屋重建的迫切性

1. 公屋建屋量長年未達到《長遠房屋策略》目標，甚至出現斷層。

根據《長遠房屋策略》(《長策》) 2019 年周年進度報告，2020/21 至 2029/30 年度的 10 個年度總房屋供應目標為 430,000 個單位，公營房屋供應目標為 301,000 個單位，其中「公屋 / 綠置居」供應目標為 210,000 個單位，「其他資助出售單位」供應目標為 91,000 個單位。這反映在這 10 個年度，平均每個年度需要供應 21,000 個公屋及「綠置居」單位。

但根據運輸及房屋局數字，截至 2020 年 6 月，連同房協出租單位，2020/21 至 2024/25 年度公屋及「綠置居」預測建屋量，有 3 個年度低於《長策》目標。其中，差距最大的年份為 2024/25 年度，預測建屋量僅有 6,200 個單位，與 21,000 個建屋的目標數量相比，缺少 14,800 個單位，有出現斷層之虞。2020/21 至 2024/25 年度預測建成共 70,500 個單位，比建屋目標 105,000 個單位少 34,500 個單位。

表一：2020/21 至 2024/25 年度公屋/「綠置居」預測建屋量及與《長遠房屋策略》目標差距（單位）

年度	房委會公屋 /「綠置居」單位	房協出租單位	總計	《長策》目標	相差
2020/21	8,000	1,000	9,000	21,000	-12,000
2021/22	21,700	0	21,700	21,000	+700
2022/23	10,400	300	10,700	21,000	-10,300
2023/24	21,500	1,400	22,900	21,000	+1,900
2024/25	5,500	700	6,200	21,000	-14,800
總計	67,100	3,400	70,500	105,000	-34,500

註：單位數目計至最近的百位整數。
資料來源：運輸及房屋局。

事實上，公屋建屋量一直未達到《長策》目標。2014 年《施政報告》採納了長遠房屋策略督導委員會的建議，決定公營房屋應佔 10 年房屋供應目標六成，當中公屋供應為 200,000 個單位，即平均每個年度供應 20,000 個單位。有關目標在《長策》2015 至 2017 年周年進度報告中未有改變，至 2018 年連同「綠置居」增加至 220,000 個單位，2019 年又調整至 210,000 個單位。

然而，即使以最寬鬆的準則、即平均每個年度供應 20,000 個單位去比較，在《長策》推出至 2019/20 年度的 6 個年度，沒有一個年度的公屋（包括房委會的公屋、中轉房屋和由居屋轉作公屋項目的單位及房協的租住房屋和長者安居樂計劃的單位）實質建屋量達標，6 年累計比建屋目標少 43,204 個單位。這反映公屋的供需缺口不

斷擴大。

表二：2014/15 年度至 2019/20 年度公屋實質建屋量及與《長遠房屋策略》目標差距（單位）

年度	單位	《長策》目標	相差
2014/15	9,938	20,000	-10,062
2015/16	14,264	20,000	-5,736
2016/17	11,416	20,000	-8,584
2017/18	13,413	20,000	-6,587
2018/19	17,658	20,000	-2,342
2019/20	10,107	20,000	-9,893
總計	76,796	120,000	-43,204

資料來源：運輸及房屋局。

2. 公屋輪候時間升至 20 年新高，逾七成獲配屋者輪候時間超過 5 年。

房委會數字顯示，2020 年 9 月底，約有 156,400 宗一般公屋申請（即家庭和長者一人申請），以及約 103,600 宗配額及計分制下的非長者一人申請。一般申請者的平均輪候時間為 5.6 年，當中長者一人申請者的平均輪候時間為 3.3 年。

房委會的宗旨是「為沒有能力租住私人樓宇的低收入家庭提供公屋，並以一般申請者平均約 3 年獲首次編配單位為目標。」不過，自 2015 年起，一般申請者的平均輪候時間就一直遠高於「3 年目標」，更呈現不斷上升趨勢，2020 年 9 月底的輪候時間更是自 2000 年以來的新高。

圖一：一般申請者平均輪候時間（年）

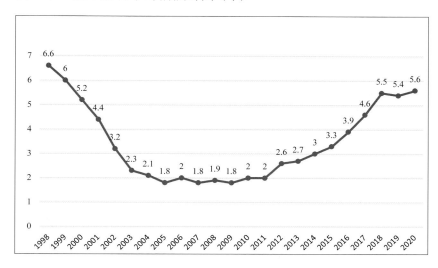

註：2020 年數字為截至 9 月底數字。
資料來源：香港房屋委員會。

房委會另一組數字顯示，在 2018 年 7 月至 2019 年 6 月期間，共有 20,500 名一般申請者接受配屋而獲安置入住公屋，其中約 18,500 名申請者的輪候時間超過 3 年，佔整體約 90%，約 14,800 名申請者的輪候時間更超過 5 年，佔整體約 73%。雖然房委會針對輪候時間超過 6 年的申請分析原因，指更改所選地區、更改住戶資料及之前拒絕接受所編配的單位等，都有機會影響輪候時間，但事實上公屋建屋量不達標、供應短缺才是主因。

圖二：2018 年 7 月至 2019 年 6 月獲安置入住公屋的申請者輪候時間

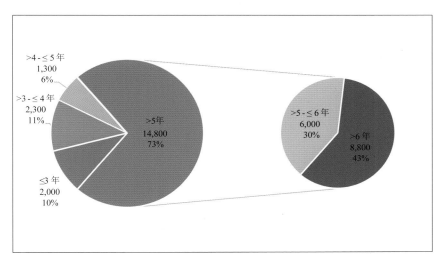

資料來源：香港房屋委員會。

3. 舊公屋日久失修，衍生環境安全問題，維修開支越來越高。

房委會在 2005 年推出「全面結構勘察計劃」，為樓齡接近或超過 40 年的公共屋邨進行詳細勘察，以確定樓宇結構是否安全，並評估持續保存樓宇 15 年或以上所需的修葺方案和其經濟效益。首輪勘察計劃涵蓋 42 個屋邨，已於 2018 年完成。勘察結果顯示，這 42 個屋邨的結構均屬安全，當中 40 個的維修工程相信可延長樓宇壽命 15 年以上，沒有重建的迫切性，另外蘇屋邨及東頭邨的樓宇狀況已無法維修，拆卸重建更符合成本效益。兩個邨均已完成重建。

不過，從地區實際了解得知，不少舊屋邨公用設施保養不足，殘破至失去本身作用；即使保養得宜，也未必符合現今社會的需要。更嚴重的是，一些單位已出現石屎剝落、鋼筋生鏽外露等情況。以超過 40 年樓齡的石硤尾邨為例，有居民指居住單位的天花嚴重剝落，有小孩曾被石屎擊中，幸好石屎體積不大，孩子並無大礙。有居民反映，廚房天花石屎剝落，只好自製膠帳篷遮擋塌下的石屎，以免煮食時被石灰甚至一整塊石屎「加料」。更有居民因單位整片天花石屎塌下，要緊急調遷。

維修舊屋邨單位的成本效益亦備受質疑。2016 年，審計署曾調查房屋署所做的維修保養，發現成本由每個單位涉及 1,200 元至近 50,000 元不等，樓齡越高成本越高，舊屋邨單位維修成本動輒以萬元計。

此外，房委會租住房屋維修及改善工程開支年年攀升，由 2009/10 年度的 24.76 億元，增加至 2020/21 年度預算的 40.53 億元，12 個年度間就上升了 63%。而在這 12 個年度間，每個年度維修及改善工程開支佔租住房屋運作總開支維持兩成左右。審計署在 2016 年的調查亦發現，房屋署開放予所有公屋租戶申請、為單位進行小型維修的「日常家居維修服務」，每個單位的平均保養開支由 2011/12 年度的 297 元，上升至 2015/16 年度的 664 元。

圖三：房委會租住房屋維修及改善工程開支（億元）

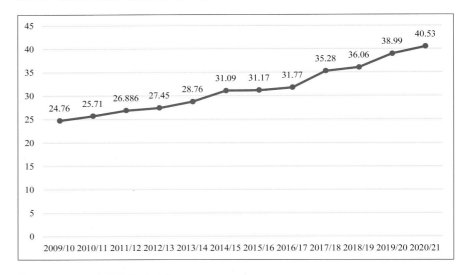

註：2020 至 21 年度為核准預算。
資料來源：香港房屋委員會。

二、大規模重建 26 個舊屋邨效益巨大

1. 重建後可提供多達 360,000 個單位，比原有的單位數量增長達 242%。

房委會於 2013 年年底完成檢視 22 個非拆售高樓齡屋邨的重建潛力，並於 2014 年 2 月公布重建檢討。當時的結論指，從結構安全或修葺等經濟效益的角度而言，並無特別需要重建該 22 個屋邨，而同步重建所有高樓齡屋邨不切實際，但這些屋邨始終會老化，保養費用預計會上升，故此

有需要逐步規劃這些屋邨的重建。在這 22 個屋邨中，截至 2021 年 1 月僅有華富（一）邨、華富（二）邨及美東邨較舊的兩座有重建計劃，涉及 9,765 個單位。另外，房委會 2012 年首次引用「重建高樓齡公共租住屋邨的優化政策」，宣布將白田邨其中 8 座重建，涉及 3,500 個單位。

這數個屋邨的單位數量在重建後都有可觀增長。以美東邨為例，較舊的美東樓及美寶樓 2021 年拆卸重建，預計於 2027/28 年度落成 4 座不超過 40 層高的住宅大樓，提供約 2,800 個單位，為原本單位數量的 3.21 倍。

表三：正在重建 / 有重建計劃的屋邨重建前後單位數量對比

屋邨	最早落成年份	重建前單位數量	重建後單位數量	增幅
白田邨（較舊的 8 座及白田商場和社區會堂）	1975	3,500	6,400	83%
美東邨（較舊的兩座）	1974	665	2,800	321%
華富（一）邨及華富（二）邨	1967	9,100	21,100	132%

資料來源：香港房屋委員會。

至於房委會已檢視但未有重建計劃的 19 個屋邨，以及另外 7 個最早在 1980 年前落成、且少於 10% 單位在 1985 年或以後落成的屋邨，也有很大的重建潛力。綜合發展區最高住用地積比率為 6.5 倍，而根據運房局的 2020 年房屋統計數字，最多公屋單位面積介乎 30 至 39.9 平方米（約 323 至約 429 平方呎），佔整體 47.1%。假設這 26 個屋邨重建都作綜合發展，每個單位面積為最熱門的單位面積的中位數、即

35 平方米（約 377 平方呎），重建後將可提供多達 360,000 個單位，比原本的 105,000 個單位多出約 255,000 個單位，增幅達 242%。

表四：選定 26 個舊式公共屋邨的重建潛力

屋邨	最早落成年份	面積（公頃）	重建前單位數量	重建後單位數量（按地積比率 6.5 倍及每單位面積 35 平方米估算）	增幅
模範邨 *	1952	9.6	700	17,828	2,447%
西環邨 *	1958	2.5	600	4,642	674%
馬頭圍邨 *	1962	2.9	2,100	5,385	156%
和樂邨 *	1962	3.0	1,900	5,571	193%
彩虹邨 *	1962	5.1	7,400	9,471	28%
福來邨 *	1963	3.8	3,100	7,057	128%
坪石邨 *	1970	5.4	4,600	10,028	118%
愛民邨	1974	10.0	6,300	18,571	195%
葵盛西邨 *	1975	8.1	5,300	15,042	184%
荔景邨 *	1975	7.2	4,200	13,371	218%
梨木樹（二）邨 *	1975	8.7	4,300	16,157	276%
瀝源邨 *	1975	9.8	3,200	18,200	469%
興華（二）邨 *	1976	5.6	3,600	10,400	189%
麗瑤邨 *	1976	6.1	2,800	11,328	305%
南山邨 *	1977	5.3	2,800	9,842	252%
長青邨 *	1977	16.6	4,900	30,828	529%
漁灣邨 *	1977	5.4	3,000	10,028	234%
大興邨	1977	21.6	8,600	40,114	366%
禾輋邨	1977	13.6	6,300	25,257	301%
彩雲（二）邨 *	1978	4.9	3,000	9,100	203%
富山邨 *	1978	2.2	2,300	4,085	78%
象山邨 *	1978	2.8	1,600	5,200	225%
順利邨	1978	6.4	4,500	11,885	164%
順安邨	1978	5.1	3,000	9,471	216%
石硤尾邨 *（只重建較舊部分）	1979	9.8	9,200	18,200	98%
彩雲（一）邨	1979	12.1	5,900	22,471	281%
總計			105,200	359,532	242%

註：* 為房委會已檢視但未有重建計劃的屋邨。
資料來源：香港房屋委員會。

2. 重建可以完全消化公屋輪候冊人龍。

　　根據房委會的資料，截至 2020 年 9 月底，共有 260,000 宗公屋申請。從數字上看，如果落實重建這 26 個舊屋邨，並提供達到上述估算甚至更多數量的單位，扣除原來的 105,000 個單位，至少可增加約 255,000 個單位，可以幾乎完全消化輪候冊上的申請，大大縮短申請者輪候時間。如果重建有序進行，每年都有一定數量重建單位落成，更有助達到《長策》每年公屋及「綠置居」供應目標，成為未來公屋供應的主要來源。

3. 如以 20 年時間推行重建，每年可創造逾 9,500 個就業職位。

　　在「修例風波」和新冠肺炎疫情雙重夾擊下，各行各業的就業情況均受到嚴重影響，其中建造業更是「重災區」，失業率由 2016 年的 4.1%，攀升至 2020 年 8 月至 10 月的 11%，連續 7 個月高企於 10% 或以上；就業不足率由 2016 年的 6.2%，上升至 2020 年 8 月至 10 月的 8.3%，連續 7 個月高企於 8% 或以上。

圖四：2016 年至 2020 年 8 至 10 月建造業失業率與整體失業率（%）

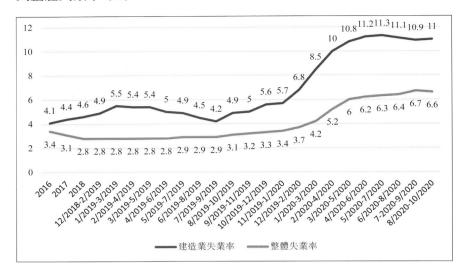

註：2020 年 8 月至 10 月為臨時數字。
資料來源：政府統計處。

圖五：2016 年至 2020 年 8 至 10 月建造業就業不足率與整體就業不足率（%）

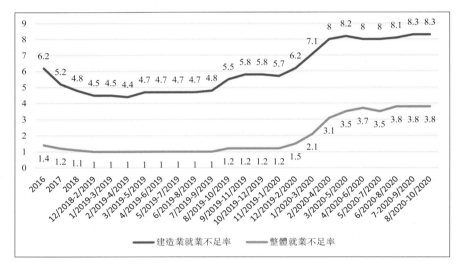

註：2020 年 8 月至 10 月為臨時數字。
資料來源：政府統計處。

　　導致建造業就業情況如此惡劣的主因，是工程項目嚴重不足。政府在 2020 年 9 月底宣布推出多項措施，加快為建造業創造就業機會，包括加快推出工務工程項目、為工務工程項目進行同步招標、進一步精簡審批流程等。政府亦預計，自 2020/21 年度起的未來數年每年平均投資

1,000 億元在工務工程上。然而，政府措施聚焦於加快工務工程流程，以及儘量推出中小型工程供業界應急，卻缺乏大型基建工程的上馬。土木工程拓展署資料顯示，截至 2021 年 1 月建造中的 42 項主要工程，只有東涌新市鎮擴展計劃、古洞北及粉嶺北新發展區前期地盤平整和基礎設施工程等 7 項的核准工程預算超過 100 億元。

不少國家或地區政府在面對經濟下行時，都會投資大型基建以發揮「逆周期」作用，通過基建工程創造就業和支持經濟增長。啟動大型基建工程，可同時帶來經濟效益和社會回報。以大規模重建公屋為例，既可為工程界及建造業創造大量就業機會，改善業界長遠就業情況，亦可紓緩基層的住屋問題。

運房局在 2016 年回覆立法會議員指，在 2015/16 至 2019/20 年度，預計的公屋落成量合共約 75,600 個單位，平均每年可創造約 8,000 個就業職位。按此比例粗略估算，假設將 26 個舊屋邨都重建、提供約 360,000 個單位，未計舊屋邨拆卸程序所需人手，最少可創造約 190,000 個就業職位。參考由 1988 年至 2010 年進行的「整體重建計劃」，假設用 20 年時間推行大型公屋重建計劃，平均每年可創造最少 9,500 個就業職位，將可為工程界及建造業提供大量就業職位，令業界可以穩健發展。

三、推動公屋重建的具體建議

1988 年，房委會推出大規模「整體重建計劃」，計劃概括 57 個徙置大廈屋邨以及前政府廉租屋邨，涉及 566 座樓宇、近

63 萬公屋居民，並在 2010 年 1 月牛頭角下邨（二區）完成清拆後結束。重建完成後單位數目達到當年總數的 42%。然而，之後政府對公屋重建的態度轉趨保守。2014 年 12 月公布的《長策》更明言，公屋單位的主要來源是新建屋邨，重建高樓齡屋邨長遠而言或可增加公屋供應，但短期內則會減少可供編配的公屋單位數量，加上藉重建增加單位供應需時甚久，且往往要在重建項目的較後甚至最後階段，才能提供額外單位，因此重建公屋在增加公屋供應方面，只能扮演輔助角色。

單靠新建屋邨作為公屋供應主要來源，公屋建屋量基本上不可能達到《長策》目標，勢將出現嚴重斷層，令公屋輪候冊的人龍越排越長，供應量「越追越落後」，造成惡性循環。考慮到重建公屋可帶來大量及穩定供應，同時可改善舊屋邨居民的居住環境，以及為水深火熱的工程界及建造業提供就業機會，政府應調整政策，將重建公屋列作公屋供應其中一個主要來源，部署全面重建舊屋邨。對此，我們提出以下建議：

1. **儘快推出大型公屋重建計劃，制訂可操作的指標，分階段重建 26 個舊屋邨，並在《長策》中作出政策宣示。**

建議政府考慮重建公屋帶來的龐大經濟和社會效益，儘快宣布推出大型公屋重建計劃，重建具有重建潛力、但未有重建計劃的這 26 個舊屋邨。政府在推出重建計劃時，亦應制訂可操作指標，例如，提出透過重建落成的目標單位數量，並以有關指標組織及推動重建工作。

除了《施政報告》外,《長策》亦對政府的房屋政策起指導作用。政府應在《長策》中作出重要政策宣示,強調重建公屋可為公屋單位數量帶來可觀增長,並將重建公屋列作公屋供應主要來源,向外界顯示政府增加公屋供應的決心。

2. 制訂「公屋重建計劃」,為重建舊屋邨定下路線圖及時間表,並每年審視重建進度,確保重建有序推行。

1988 年,房委會推出「整體重建計劃」,以 5 年為期和每年向前滾動的模式,分批將舊屋邨逐步拆卸並重建。在「整體重建計劃」進行期間,房委會每年都會審議及修訂一個以 5 年為期的重建推展計劃,根據環境條件和計劃的實際執行情況,確保計劃向前推行及實現,並向外公布,讓受影響居民可以預先得知重建規劃,從而作出搬遷準備。

建議政府參考「整體重建計劃」的做法,制訂「公屋重建計劃」,為重建舊屋邨定下路線圖及時間表,並每年審視重建進度並制訂推展計劃,嚴格按照計劃令其逐步實現;同時,將計劃儘早公布,讓受重建影響的居民、公屋申請者等持份者有所準備。有關做法亦可確保重建有序推行,避免重建在同一時間集中在同一區域開展,對該區受影響居民遷置的公屋資源構成巨大壓力。

確保重建有序推行,亦對工程界及建造業有利。業界容易受到工程周期、大型基建規劃以及政府工務工程撥款進度影響,不時出現「一時飽死,一時餓死」的情況。以 2013/14 至 2019/20 立法年度的政府工務工程撥款數字為例,最低為 2013/14 年度的 370 億元,最高為 2019/20 年度的 1,775 億元,7 年間相差 1,405 億元。確保重建有序推行,既可避免一次過推出大量重建項目,令業界難以消化,亦可避免一段長時間內沒有重建項目,令從業員欠缺就業機會。

圖六:2013/14 至 2019/20 年度財委會通過工務工程撥款(億元)

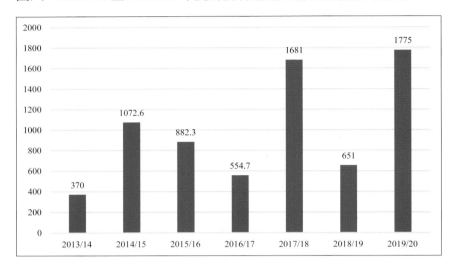

資料來源:立法會。

3. 嚴格監督房委會執行重建的進度,並注資房委會設立公屋重建基金,專款專用,為重建提供財政支持。

與房委會同為資助房屋機構的房協,對重建旗下舊屋邨採取積極態度,已對多個旗下舊屋邨進行或提出重建計劃,與房委會對重建的保守態度成強烈對比。運輸及房屋局局長作為房委會主席,有責任在政府推出大型公屋重建計劃後,嚴格監督房委會的執行進度,確保房委會的工作按指標進行。

2020 年 1 月,房委會通過 2019/20 年度修訂預算及 2020/21 年度建議預算,2019/20 年度修訂預算的現金及投資結餘

預計為 532.07 億元，2020/21 年度建議預算的結餘預計增加至 568.29 億元，不過結餘預計在未來數個年度持續下跌，跌至 2023/24 年度的 350.22 億元。房委會解釋，結餘下跌的其中一個原因，是 2020/21 年度起 10 年的公營房屋量逾 30 萬伙，加上部分建築項目的前期工程會於首 5 年開始，包括地基工程等，令建築開支增加。建築開支預計由 2019/20 年度的 177.79 億元，增加至 2023/24 年度的 280.74 億元。由 2019/20 年度起 5 個年度的建築開支達 1,157.47 億元，平均每年為 231.49 億元，較 2019 年預測的 218 億元高。

雖然房委會指財政狀況穩健，暫未打算動用政府在財政儲備中預留作公營房屋及相關基建發展之用的 824 億元，但如果落實大型公屋重建計劃，建築開支勢將大增，令房委會結餘進一步下跌。建議政府在推動公屋重建和減低財政收支的波動性之間作出平衡，按實際情況適時分期注資房委會，並且成立公屋重建基金，專款專用，為重建計劃提供財政支持。

4. 分 5 區整合公屋資源，集中動用同區單位安置受影響居民，加快重建進度。

原區安置受影響居民是公屋重建的主要困難之一。根據房委會「重建高樓齡公共租住屋邨的優化政策」，房委會考慮是否重建的 4 個基本原則中，包括重建屋邨附近有否合適的遷置資源。房委會會為受重建影響的住戶提供合適的接收單位，在資源許可下，住戶會盡可能獲安排遷往原區的公屋單位。

然而，19 個舊屋邨全部位於市區及

荃灣、葵青兩個高度發展的市鎮，這些地區可以用作興建接收屋邨、安置受影響居民的土地資源緊絀，嚴重阻礙重建進度。以華富邨重建為例，政府在 2014 年《施政報告》提出重建計劃在鄰近的 5 幅政府土地興建公屋單位，為重建提供主要遷置資源，但截至 2021 年 1 月，土地平整工程預計要到 2021 年中、即公布重建意向後 7 年才展開，單位預計要到 2026 年起才分階段落成，為公布重建意向的 12 年後。這意味華富邨的清拆工程要於 2026 年後才可開始。

審計署曾於 2014 年指出，原區安置政策會嚴重妨礙房屋署的配屋安排及阻礙善用土地和資源，限制了未來推行重建計劃的靈活性。但為維持受重建影響居民的社區網絡，避免他們重新適應新環境，從而提高他們對重建的認同及支持，令重建順利進行，房委會須延續原區安置政策，而有關政策可作適當調整，在便利受影響居民和善用公屋資源之間取得平衡。建議房委會按照這 26 個屋邨的地理分布，分 5 區整合公屋資源，分別為港島、九龍東（黃大仙及觀塘）、九龍西（深水埗及九龍城）、新界西（荃灣、葵青及屯門）和新界東（沙田），集中動用同區新落成及已有的公屋單位，安置受重建影響的居民，縮短重建時間。同時，房委會應為願意跨區安置的居民提供安排上的便利。

以九龍西為例，2020/21 年度起 6 個年度的公屋供應均集中在深水埗，合共可提供約 12,300 個單位。按照既有政策，這些單位很大機會只會用作推動同樣位於深水埗的石硤尾邨較舊部分及南山邨重建，以安置受影響居民。如果視九龍西為一個整體，去整合重建所需的公屋資源，則位

於九龍城的馬頭圍邨及愛民邨亦可受惠於深水埗的充足公屋供應，看到重建的曙光。

另外，房委會會在清拆行動展開前3年正式公布重建項目，遷置受影響居民的工作會在樓宇拆卸前30個月展開。建議參考早年的「整體重建計劃」，在確保需重建屋邨的同區有足夠安置單位後，將重建通知期調整至樓宇拆卸前18個月，以縮短重建所需時間。

5. 房委會與房協展開策略性重建項目，整合土地資源，共同推動重建。

房協已對多個旗下舊屋邨進行或提出重建計劃，包括九龍城真善美村及樂民新村、筲箕灣明華大廈、香港仔漁光村及觀塘花園大廈。其中政府於2018年6月公布將9幅位於啟德及安達臣道的私營房屋用地，撥作興建公營房屋單位，並於同年《施政報告》宣布將其中一幅位於啟德的用地撥給房協用作重建真善美村，預期於2024年落成，然後再在真善美村原址重建樂民新村。而在真善美村及樂民新村附近、屬於房委會的馬頭圍邨，截至2021年1月仍未有重建計劃。

建議房委會與房協加強合作，在同一地區展開策略性重建項目，整合雙方各自擁有的土地資源，共同推動旗下舊屋邨重建。以九龍城為例，待樂民新村在真善美村原址完成重建後，房委會可在樂民新村原址重建馬頭圍邨，並在馬頭圍邨重建完成後，把該邨原址交回房協發展。

又以荔景為例，房委會的荔景邨、麗瑤邨及房協的祖堯邨都是超過40年樓齡的舊屋邨，房委會及房協可先利用空置校舍、休憩用地或露天公共運輸交匯處興建接收屋邨，啟動其中一個邨的重建，之後透過互換土地，逐步完成區內3個舊屋邨的策略性重建。

6. 加快推動重建房委會工廈為公屋，並與公屋重建計劃相配合，將落成單位悉數用作安置受重建影響的公屋居民。

政府在2019年《施政報告》邀請房委會研究重建旗下6幢工廠大廈為公營房屋，特別是增加出租公屋的供應。2020年《施政報告》指，房委會的初步研究結果顯示，其中3幅用地可用作發展公營房屋，房委會預計於2021年第一季完成所需研究，隨後進行改劃土地程序，估計可於2031年提供合共超過3,000個公營房屋單位。

由於6幢工廈均位處工業或工貿地區，改劃土地程序需時，加上房委會以往清拆工廈時，一般會提前18個月通知受影響租戶，因此房委會必須加緊研究，並在公布結果後隨即展開改劃土地程序，縮短重建時間。同時，初步結果顯示僅一半用地可用作發展公營房屋，房委會應從公屋供應短缺的角度出發，研究重建更多工廈。

建議將重建房委會工廈與公屋重建計劃相配合，在工廈原址落成的單位，悉數用作安置受重建影響的居民。以葵青區為例，晉昇工廠大廈與葵盛西邨的直線距離最短不足100米，重建為公屋將可提供寶貴的遷置資源，令葵盛西邨可以分階段重建。而葵安工廠大廈最短亦僅與麗瑤邨相距600多米，且比麗瑤邨現址更接近主要幹道及港鐵站，重建為公屋料可吸引不少

麗瑤邨居民遷進，騰出原有單位啟動重建。

7. 積極推動將公共設施遷進岩洞，騰出土地興建公屋，落成單位用作安置受重建影響的公屋居民。

2018 年 12 月，土地供應專責小組發表報告，提出 8 個土地供應優先選項，其中一個中長期選項是利用岩洞及地下空間。報告指出，利用岩洞及地下空間是對環境及社區影響較少的選項，其中發展岩洞更是「一石二鳥」，一方面可容納一些毋須設於地面或不受地區歡迎甚至厭惡性的設施，另一方面可騰出較鄰近市區的珍貴地面土地，用作房屋發展或滿足其他社區設施的需求。

政府已開展多個岩洞項目，其中搬遷沙田污水處理廠可騰出約 28 公頃土地，作興建房屋和其他有利民生的用途，預計 2031 年完成。而水務署亦在 2020 年 10 月建議，搬遷荃灣二號食水配水庫至葵涌東北部的孖指徑策略性岩洞區，預計連同毗鄰用地，可額外提供約 6.42 公頃的公共房屋發展用地。配水庫位置鄰近梨木樹（二）邨及象山邨，建議配水庫遷進岩洞、原地興建公營房屋後，啟動兩個舊屋邨重建，新落成的單位用作安置受影響居民。

政府亦應積極研究將舊屋邨附近公共設施遷進岩洞的可行性。例如，石硤尾邨附近的 3 個食水配水庫，可以搬進尖山策略性岩洞區內；鄰近長青邨的青衣東 2 個食水配水庫及海水配水庫，也可以遷入附近的青衣西策略性岩洞區。

2021 年 1 月

第五篇

《改善全港社區環境衛生系列》研究報告

香港雖然是世界前列的富裕城市，但環境衛生並不理想，世界城市環境衛生排名偏後。政府部門環境衛生工作存在 5 個突出問題：1. 政府環境衛生工作的成本效益極低，滅殺一隻老鼠用逾 4,400 元，消除一個蚊子滋生地用逾 4,700 元；2. 食衛部門在環境衛生工作上執法不力，外判「價低者得」原則影響工作質素；3. 環境衛生設備不足及落後，香港環衛車輛清潔設備與深圳市比例相差達 4.74 倍，機械化和創科應用保守緩慢；4. 政府措施多是頭痛醫頭，腳痛醫腳，未有針對環衛問題的根本原因，「三無大廈」是本港衛生的重災區；5. 政府部門往往各自為政，導致推動政策乏力。

經民聯提出 8 項建議：1. 儘快展開大型且密集的全港性環境衛生運動，重點是加強街市、後巷、「三無大廈」等衛生黑點的清潔工作；2. 設立總值 65 億元的「五大環衛專項基金」，涵蓋鼠患、蚊患、冷氣機滴水等老大難問題和推動公眾街市現代化、運用環衛科技等優化措施，整合資源，全面提升香港環境衛生水平，減低肺炎等傳染病傳播的可能性；3. 設立高層級清潔策劃專責委員會，全面審視香港環境衛生的政策工作，列明包括降低大規模爆發傳染病疫情機率在內的工作目標和成效，針對各種環衛問題的成因和短板提出具體改善措施，推動香港成為全球環境衛生前列的國際城市；4. 將全城清潔行動列為每年舉辦一次的常規活動，結合環境保護、創新科技等新意念，設定年度環衛主題，以提升全城清潔運動的職能；5. 重設社區清潔指數，劃分多個監察區塊，增設鼠患、蚊患、街道潔淨、公眾街市等分項，作為持續性監察香港環境衛生整體狀況的客觀指標；6. 針對性處理「三無大廈」的環境衛生問題，包括加強對「三無大廈」的恆常清潔工作，加強「三無大廈」的環境衛生教育，剷除傳染病隱患；7. 加強食環署各分區環境衛生辦事處職能，增設專項撥款，使其更有效處理地區性環境衛生問題，全面提升地區的環境衛生；8. 借力粵港澳大灣區創科優勢，推動智能環衛，加快香港環衛技術與時俱進。

一、香港環境衛生概況：世界城市環境衛生排名偏後

食物及衛生局與食物環境衛生署是處理本港環境衛生事務的主要政府部門。食衛局負責就本港的環境衛生事宜制定政策，並分配資源以推行有關政策。食環署則負責為香港市民提供清潔衛生的居住環境，管理環境衛生服務和設施。另外，民政事務總署、房屋署、環保署、康樂及文化事務署、漁農自然護理署、地政總署等涉及居民日常環境衛生的部門，也是本港管理環境衛生的重要環節，同屬處理本港環境衛生事務的公共組成部分。

政府管理香港清潔衛生的工作有悠久歷史。1948年，政府推行清潔香港運動，開始了第一次清潔行動。其後，在1970年至1999年期間推行保持香港清潔運動，並於2000年12月展開為期3年的清潔香港計劃。2003年3月，嚴重急性呼吸系統綜合症（SARS）爆發。同年5月，行政長官宣布成立全城清潔策劃小組，由政務司司長擔任主席，負責制訂和推行建議，在香港確立高層次推動公共和環境衛生的架構。[1]

香港過去數十年間推行多次清潔香港運動，不少地區街道的衛生情況得以改善。不過，隨着市民的衛生意識逐漸提高，民生關注焦點已觸及風土病、衛生滋擾、生活品質等不同環境衛生範疇，香港的環境衛生政策和措施需要與時並進，才能全面提升香港的環境衛生水平，回應市民訴求。

政府資料顯示，政府投入在環境衛生的資源由2017/18年度的38億元增加至2018/19年度的43億元。[2]不過，香港社會整體環境衛生情況與市民期望仍存在落差。國際顧問機構美世（Mercer）的2018年和2019年「全球生活質素調查」顯示，兩年來，香港均排名第71位，與兩年同樣排名第25的新加坡相差46位。其中，調查機構在2018年新增城市衛生額外排名，分析當地垃圾清理和污水處理基礎設施、傳染病水平、空氣污染、水資源的可用性及其品質，香港評分在231個城市中排名第134位，只屬中間偏後位置；美國檀香山則在美洲地區和全球範圍內均名列首位。調查機構指出，環境衛生是影響城市吸引力的重要因素。

二、政府部門環境衛生工作存在的突出問題

政府投入治理環境衛生的力度持續增加，有助進一步優化環境衛生狀況。政府亦提出願與市民攜手推動更潔淨居住環境，共同參與環衛事務，締造社區精神。政府強調，「要解決各區環境衛生問題，始終需要市民配合，重視公德及保持自律。我們希望市民和社區各界亦積極參與及配合政府的工作，一同努力保持環境衛生。」[3]

環境衛生情況與政府的政策、技術和配套能否跟上時代發展和社會需求密切相關。考察多個民生關注的環境衛生問題，政府相關部門的工作存在以下5個突出問題：

1. 政府環境衛生工作的成本效益極低，滅殺一隻老鼠用逾 4,400 元，消除一個蚊子滋生地用逾 4,700 元。

在防治鼠患方面，食環署在 2008/09 至 2018/19 財政年度的總開支接近 17 億元，每年開支由 2008/09 年度的 1.358 億元攀升至 2018/19 年度的 1.983 億元。而在 2008 年至 2018 年，食環署滅鼠近 38 萬隻，平均滅殺一隻老鼠須動用逾 4,400 元公帑。而民間組織「撲滅鼠患大聯盟」於 2019 年 5 月在保安道街市、紅磡街市、油麻地街市通宵捕鼠，用了約 3,000 元成本就捕捉了 7 隻老鼠，平均捕捉一隻的成本為 428.6 元，是政府的十分之一。

類似情況也出現在政府的防治蚊患工作上。2014/15 至 2018/19 財政年度，食環署用上逾 13 億元防治蚊患，5 年間消除了逾 28 萬個蚊子滋生地，平均消除一個蚊子滋生地須動用逾 4,700 元公帑，每年平均成本自 2017/18 財政年度起更有上升趨勢。

2. 食衛部門在環境衛生工作上執法不力，外判「價低者得」原則影響工作質素。

食環署已成立 19 隊針對違反清潔法例的專責執法小隊，加強執法。但有意見認為，食環署執法力度不足，成功檢控個案少，未能有效阻嚇隨地棄置廢物的非法行為。例如，有地區意見反映，食環署在部分地區即使安裝了網絡攝錄機，由於入黑、戴口罩、鏡頭死角等原因，違法棄置廢物人士的容貌身份難以確認，有人仍在網絡攝錄機附近位置棄置垃圾，網絡攝錄

表一：2008/09 至 2018/19 財政年度
防治鼠患開支、滅鼠數目及平均成本

年度	防治鼠患開支（億元）	年份	捕獲鼠隻＋毒殺鼠隻＝滅鼠數目			平均成本（元）
2008/09	1.358	2008	3,898	25,440	29,338	4,628.8
2009/10	1.363	2009	6,828	25,035	31,863	4,277.7
2010/11	1.342	2010	11,746	24,390	36,136	3,713.7
2011/12	1.357	2011	10,163	21,108	31,271	4,339.5
2012/13	1.410	2012	10,402	20,994	31,396	4,491.0
2013/14	1.516	2013	10,305	19,427	29,732	5,098.9
2014/15	1.562	2014	11,945	19,892	31,837	4,906.2
2015/16	1.609	2015	12,942	22,895	35,837	4,489.8
2016/17	1.648	2016	13,192	23,977	37,169	4,433.8
2017/18	1.726	2017	14,704	26,334	41,038	4,205.9
2018/19	1.983	2018	16,504	27,874	44,378	4,468.4
2008/09 至 2018/19 年度防治鼠患總開支：16.874 億元						
2008 至 2018 年滅鼠總數：379,995 隻						
平均成本：4,440.6 元						

資料來源：食物及衛生局、食物環境衛生署。

表二：2014/15 至 2018/19 財政年度
防治蚊患開支、消除蚊子滋生地數目及平均成本

年度	防治蚊患開支（億元）	年份	消除蚊子滋生地數目	平均成本（元）
2014/15	2.431	2014	49,425	4,918.6
2015/16	2.538	2015	55,353	4,585.1
2016/17	2.604	2016	57,103	4,560.2
2017/18	2.759	2017	57,701	4,781.5
2018/19	3.096	2018	63,635	4,865.2
2014/15 至 2018/19 年度防治蚊患總開支：13.428 億元				
2014 至 2018 年消除蚊子滋生地總數：283,217 個				
平均成本：4,741.2 元				

註：2018/19 年度為修訂預算。
資料來源：食物環境衛生署。

機成效受到質疑。

又如，在冷氣機滴水的問題上，食環署在收到投訴後，一般會在 6 個工作天內進行調查，在確定來源後，會要求有關業主或住戶於 3 天內採取糾正行動。如未能及時消除滋擾，署方便會根據《公眾衛生及市政條例》發出「妨擾事故通知」，要求在指明的期限內減除妨擾事故，否則可被檢控，一經定罪，最高可判處罰款 10,000 元；如持續違例，則每日可加判罰款 200 元。不過，在投訴宗數及當局發出的「妨擾事故通知」數目有上升趨勢的前提下，食環署 2018 年的檢控個案數目為 61 宗，較對上兩年的 93 宗（2017 年）及 81 宗（2016 年）下跌，容易令人質疑執法力度減弱，阻嚇作用成疑。

此外，政府有不少環衛工作以「價低者得」原則外判，同時對承辦商缺乏監管，導致承辦商的專業程度參差。以防治蚊患為例，有資深滅蟲業者指，有承辦商處處「開刀」減省營運開支，包括用普通泥沙混合滲蚊沙、聘請未受訓練的清潔工代替曾受專業培訓的滅蚊人員等。審計署 2014 年的調查報告亦提到，食環署未有就確保承辦商服務質素設立清晰督導機制，導致滅蚊工作成效不如預期。例如，工人未有即時清理潛在蚊蟲滋生源頭、使用不當手法噴灑殺蟲藥劑等，促請署方加強監督。

3. 環境衛生設備不足及落後，香港環衛車輛清潔設備與深圳市比例相差達 4.74 倍，機械化和創科應用保守緩慢。

香港的機械化和智能環衛發展落後內地主要城市。以毗鄰香港、同為大灣區中心城市之一的深圳市為例，據深圳市城市管理和綜合執法局數字，2018 年深圳市市容環衛專用車輛設備有 3,348 輛。[4] 深圳市陸地面積為 1,997 平方公里，按每平方公里計算，2018 年深圳市平均每平方公里陸地配有 1.677 輛市容環衛專用車輛設備。

香港方面，據食環署潔淨服務相關數字，截至 2019 年 10 月，食環署及潔淨服務承辦商備有洗街車、機動掃街車、垃圾車、吸渠車和吸渠糞車共 392 輛。[5] 香港陸地面積為 1,106 平方公里，按每平方公里計算，香港平均每平方公里陸地僅配有 0.354 輛與市容相關的環衛車輛清潔設備，與深圳市比例相差達 4.74 倍。同時，食環署及潔淨服務承辦商共備有 123 輛洗街車和機動掃街車，共約 11,900 名潔淨組員工，按此推算，平均每 96.7 人才獲配給機械潔淨工具，反映人手清掃街道仍是政府進行街道潔淨的主要手段，機械化和環衛科技進度緩慢。

政府部門在處理野鳥聚集問題上同樣缺乏創新思維，對借鑒外地成功經驗態度保守。食衛局 2015 年回覆立法會議員質詢時指，除了公眾教育及執法措施外，漁護署也有探討減低野鴿數目的可行方法，曾參考其他國家有關減低野鴿滋擾的方法，例如，餵飼口服避孕藥物、安裝超聲波驅鳥器和利用風炮等，但認為這些方法並不適合在香港使用。漁護署解釋，這是受制於藥物特性、餵飼方法，以及香港人煙稠密的生活環境等條件。

4. 政府措施多是頭痛醫頭，腳痛醫腳，未有針對環衛問題的根本原因，「三無大廈」是本港衛生的重災區。

政府部門的措施多是頭痛醫頭，腳痛醫腳，少有針對環衛問題的根本原因，容易流於形式主義，不能對症下藥，加強力度對焦問題，後勁不足，導致問題重複，資源效益不高。作為本港衛生重災區的「三無大廈」，就是典型代表。

由於沒有業主立案法團、沒有任何居民組織、沒有管理公司，這種「三無大廈」的舊式私人樓宇，在沒有指定清潔公司定期收集垃圾的情況下，居民會把家居廢物在就近街道的公共空間棄置，或在街頭公共垃圾桶旁堆積大量家居廢物，甚至隨意丟到大廈平台、簷篷，影響公共環境衛生，造成各種社區衛生問題。

然而，政府卻沒有針對「三無大廈」的衛生問題對症下藥。「三無大廈」主要集中在九龍西，當中又以油尖旺區、深水埗區及九龍城區的「三無大廈」較集中。不少油尖旺大南區居民反映，指「三無大廈」劏房林立，垃圾堆積如山，影響衛生，既發出惡臭，也招惹蟲鼠，其所衍生出的環境衛生問題，對周邊居民的生活構成極大困擾，但政府卻缺乏對「三無大廈」的環境衛生支援，只是一般的加強清潔，未能根治問題。

5. 政府部門往往各自為政，導致推動政策乏力。

政府相關部門處理涉及不同環節的環衛問題時存在權責不清、分工不明的問題，往往會因為各自為政而疏於協調，互相推諉，以致推動政策乏力。

例如，野鳥問題涉及多個部門，缺乏合作機制。針對餵飼野鳥弄污公眾地方者的執法行動由食環署負責，但野鳥本身屬於動物議題，屬漁護署範疇。食衛局回覆立法會議員質詢時指，任何人在公共屋邨公眾地方餵飼野鳥弄污地方，由房屋署採取執法行動；至於私人地方就由業主立案法團及管理公司負責提醒，或按公契條款採取行動。有地區人士批評，政府部門間各自為政，欠缺溝通，對處理野鳥聚集問題毫無幫助。

再如，在蚊患問題上，由於部門間各自為政、缺乏協作，一些斜坡及閒置土地成為蚊患黑點，更被地區人士形容為「三不管」地帶。其中，一幅橫跨觀塘彩盈邨、彩福邨的大型斜坡，是區內蚊患黑點之一。因有校舍及行人電梯背靠斜坡而建，校舍其後方斜坡範圍由教育局管理，電梯依斜坡興建範圍歸建築署管理，其餘部分就由食環署管理。有地區人士指，各部門未有就滅蚊方式、時間等互相協調，當做好自己管理部分的滅蚊工作後，其餘部分又有蚊子滋生，無法徹底解決問題，亦浪費大量公帑。

三、提升香港環境衛生水平的總體建議

自 2020 年 1 月起，懷疑肺炎個案持續增加，引起部分市民擔心「沙士重臨」，香港轉差的環衛狀況會成為疫症的傳播媒介。不能不看到的是，香港社會經歷持續半年多的暴亂，環境衛生問題難以得到重視。特區政府除了做好檢疫及通報工作外，如何盡快採取有效措施加強香港的環境衛生工作，減低不明原因肺炎等傳染病在社區傳播的可能性，值得高度重視。對此，經民聯有如下建議：

1. **儘快展開大型且密集的全港性環境衛生運動，重點是加強街市、後巷、「三無大廈」等衛生黑點的清潔工作。**

2003 年，香港爆發沙士疫潮。由行政長官委任的嚴重急性呼吸系統綜合症專家委員會於同年 10 月發表報告，提出連繫社會各界共同參與抗疫，動員社會人士參與健康推廣工作和健康運動。建議政府參考當年委員會報告的內容，儘快展開大型且密集的全港性環境衛生運動，與地區、商界、專業團體等合作，營造全社會齊心關注衛生、「防肺炎於未然」的氛圍。

武漢是次爆發不明原因肺炎疫情，源頭被指是當地一個街市，而多名專家亦建議市民如要前往當地，儘量避免到街市。可見，如果街市清潔工作做得不足，容易成為細菌甚至病毒的滋生和傳播地。長期以來，香港社會對公眾街市觀感負面，市民普遍認為街市環境惡劣，衛生欠佳，存在老鼠出沒、蚊蟲滋生、燈光昏暗、地面濕滑、通道狹窄等問題。不少區域的後巷及「三無大廈」，同樣存在嚴重環境衛生問題，容易成為病毒溫床。建議特區政府專門組織和協調相關部門和地區團體，加強街市、後巷、「三無大廈」等衛生黑點的清潔工作。

2. **設立總值 65 億元的「五大環衛專項基金」，涵蓋鼠患、蚊患、冷氣機滴水等老大難問題和推動公眾街市現代化、運用環衛科技等優化措施，整合資源，全面提升香港環境衛生水平，減低肺炎等傳**

染病傳播的可能性。

政府不斷增加投放在環境衛生上的資源，2018/19 年度已增加至 43 億元，比上一年度多出 5 億元。儘管如此，食環署的環衛工作仍然存在不少問題，效益欠佳、頭痛醫頭、規模小、時間短、工作零散等弊病未有顯著改善。建議改變增撥資源的方式，設立有一定時間長度的環衛基金，整合資源，定下具體工作方向及目標，每年檢討成效，並向公眾公開款項運用情況，令環衛工作更有效率，公帑更用得其所，以全面提升香港環境衛生水平，減低肺炎等傳染病傳播的可能性。建議政府撥款 65 億元，設立 5 個針對鼠患、蚊患、冷氣機滴水、公眾街市、環衛創新科技的基金，時間長度為 5 至 10 年。

（1）滅鼠基金

食環署滅鼠工作主要以用藥消滅或用籠捕捉老鼠，方法單一，未能發揮應有效果。鼠患指數估算方法也不能準確量度老鼠出現情況，容易低估數字，加上調查次數過少，容易令指數未能反映最新情況。此外，滅鼠工作多是在收到投訴後才進行，缺乏系統規劃，欠延續性，經常是「大運動式」處理當時問題，但後勁不繼，導致鼠患重臨。

建議參考食環署 2018/19 年度防治鼠患開支及較上一年度的上升幅度，設立為期 5 年共 15 億元的滅鼠基金，用途包括在全港 18 區持續展開大規模滅鼠工作、組織專家小組重點巡視全港鼠患地點、於夏天及鼠患嚴重期加密鼠患調查次數等；同時主動研究並推動科技滅鼠的工作。每年工作目標可設定為降低鼠患指數及投訴數字。

（2）滅蚊基金

　　一段時間以來，多區白紋伊蚊監察範圍欠缺全面，紅磡及深水埗部分地區等人口稠密地區都是監察盲點，2018 年作為登革熱感染源頭的黃大仙獅子山公園和長洲花屏路，當時就未被納入監察範圍，出現當區蚊患指數弱但卻爆發疫情的現象。日本腦炎病媒監察範圍也未有涵蓋全港，僅包括傳播風險相對較高的 7 區（元朗、屯門、西貢、北區、深水埗、南區及葵青）。

　　建議參考食環署 2018/19 年度防治蚊患開支及較上一年度的上升幅度，設立為期 5 年共 20 億元的滅蚊基金，用途包括擴闊白紋伊蚊及日本腦炎病媒監察範圍、加強日常滅蚊工作等；同時主動研究並推動科技滅蚊的工作。每年工作目標可設定為降低每月蚊患指數，或將蚊患指數高於警戒水平的監察地點數目和次數逐步減少。

（3）協助舊樓處理冷氣機滴水基金

　　不少舊樓的冷氣機中央去水管已經老化、破裂，有些舊樓更不設去水管。申訴專員公署曾建議，屋宇署透過「樓宇安全貸款計劃」，促使或鼓勵未有安裝去水管的大廈業主安裝去水管，但屋宇署並無賦予業主立案法團向「樓宇安全貸款計劃」借貸的權力，申請須由業主個別遞交。

　　建議參考「樓宇更新大行動」及「優化升降機資助計劃」等改善舊樓環境及安全的現有做法，設立為期 5 年共 5 億元的基金，推動舊樓處理冷氣機滴水問題，包括安裝冷氣機中央去水管，或維修已破裂的去水管。每年工作目標可設定為協助舊樓安裝或維修去水管數字，或降低滴水投訴數字。

（4）公眾街市現代化基金

　　2018/19 年度《財政預算案》預留 20 億元，以推行改善公眾街市設施和管理的 10 年「街市現代化計劃」。不過，以大圍街市為例，安裝冷氣的費用已經高達 1 億元，花園街街市安裝冷氣的早年預算亦近 8,000 萬元，而全港共逾 50 個未安裝冷氣的公眾街市，若計及 10 年工程成本通脹，20 億元根本不足夠全面推動各項街市翻新工程。

　　建議在現有 20 億元撥款基礎上，再增加 20 億元，設立為期 10 年共 40 億元的公眾街市現代化基金，用於為舊街市安裝冷氣、改善排水系統等，同時適量提高對受

表三：「五大環衛專項基金」

（1）滅鼠基金	設立為期 5 年共 15 億元的滅鼠基金，用途包括在全港 18 區同步展開大規模滅鼠工作、組織專家小組重點巡視全港鼠患地點、於夏天及鼠患嚴重期加密鼠患調查次數等。
（2）滅蚊基金	設立為期 5 年共 20 億元的滅蚊基金，用途包括擴闊白紋伊蚊及日本腦炎病媒監察範圍、加強日常滅蚊工作等。
（3）協助舊樓處理冷氣機滴水基金	設立為期 5 年共 5 億元的基金，推動舊樓處理冷氣機滴水問題，包括安裝冷氣機中央去水管，或維修已破裂的去水管。
（4）公眾街市現代化基金	設立為期 10 年共 40 億元的公眾街市現代化基金，用於為舊街市安裝冷氣、改善排水系統、適量提高商戶補助金額等。
（5）環衛創新科技基金	設立為期 5 年共 5 億元的基金，加強研究及推動應用環衛科技，包括運用創新科技協助防治鼠患、蚊患、控制野鳥聚集和街道潔淨等。

影響商戶補助金額，令翻新工程更暢順。基金以協助「街市現代化計劃」如期完成為工作目標。

（5）環衛創新科技基金

食環署回覆立法會指，署方一直積極應用科技，透過機械化及自動化，提供環境衛生和防治蟲鼠服務，在 2019/20 年度的預算開支為 1 億元。建議參考有關預算，設立為期 5 年共 5 億元的基金，加強研究及推動應用環衛科技，積極研究引入海外成功經驗的可行性，包括運用創新科技協助防治鼠患、蚊患、控制野鳥聚集和街道潔淨等。

3. 設立高層級清潔策劃專責委員會，全面審視香港環境衛生的政策工作，列明包括降低大規模爆發傳染病疫情機率在內的工作目標和成效，針對各種環衛問題的成因和短板提出具體改善措施，推動香港成為全球環境衛生前列的國際城市。

因應沙士疫潮引起全社會對環境衛生問題的高度關注，特區政府於 2003 年成立由政務司司長領導的全城清潔策劃小組，制訂一系列改善香港環境衛生的方案，包括分階段落實數十項措施，並提出多項長遠建議，涵蓋個人、家居、社區的環境衛生和持續發展，取得良好成效。

全城清潔策劃小組成立多年，香港面對的環境衛生問題有增無減，市民對環境衛生的關注亦越來越強烈，老大難環衛問題更是積習已久，香港城市環衛排名遠遠落後其他國際城市。自 2020 年 1 月起，懷

疑肺炎個案持續增加，引起部分市民擔心「沙士重臨」，香港轉差的環衛狀況會成為疫症的傳播媒介。特區政府須制訂並推動從根本上改善環境衛生的方案，切實提高市民生活質素，特別是令市民免於疫症爆發的恐懼。

「宜居宜業宜遊的優質生活圈」，是《粵港澳大灣區發展規劃綱要》五大戰略目標之一。優質生活與環境衛生密不可分，加緊落實《規劃綱要》要求，是香港進一步提升環境衛生水平的重要契機。建議重設與全城清潔策劃小組相類似的政府高層級專責委員會，重點對標國際一流灣區，仔細研究和檢視市民關注的環境衛生重要課題，全面審視香港環境衛生的政策工作，列明工作目標和成效，針對各種環衛問題的成因和短板提出具體措施，既將環境衛生行動恆常化，又列明改善香港環境衛生有序處理的長遠規劃，推動香港成為全球環境衛生前列的國際城市。

4. 將全城清潔行動列為每年舉辦一次的常規活動，結合環境保護、創新科技等新意念，設定年度環衛主題，以提升全城清潔運動的職能。

政府於 2003 年沙士疫潮後成立全城清潔策劃小組，每隔一段時間會推動全城清潔運動。截至 2020 年 1 月，最近一次的全城清潔運動於 2019 年 5 月開展，重點包括協調和推動各部門進行防治鼠患工作，同時設立跨部門防治蟲鼠督導委員會跟進，該次運動延長至同年 11 月。綜觀過去多次的全城清潔運動，主要透過巡視公共衛生情況、清理衛生黑點、發布環境衛生信

息等項目，在指定時間內密集動員政府部門和社區人員，完成較大規模的公共清潔工作。如何在全城清潔運動的基礎上，以更高的政策視野，結合環境保護、創新科技等新意念，切實統籌協調各相關政府部門，聚焦有利社會持久清潔的工作，以提升全城清潔運動的職能，值得重視。

建議將全城清潔行動列為政府常規活動，每年舉辦一次，因應香港最新環衛形勢，調撥適切資源，引入新技術，定期評估監察，確保各項清潔行動年年持續推行，務求問題「不過年」；同時，加大力度推廣持續性的清潔宣傳活動，包括以全城清潔行動的名義，設定滅鼠年、街道潔淨年、家居清潔年、防滴水年等環境衛生年度主題，逐年重點處理一項重大環衛問題，並與各機構合辦長期性的社區清潔義工隊，全面提高社會的環境衛生清潔意識。

5. 重設社區清潔指數，劃分多個監察區塊，增設鼠患、蚊患、街道潔淨、公眾街市等分項，作為持續性監察香港環境衛生整體狀況的客觀指標。

民政事務總署曾在 2004 年 5 月至 2008 年 2 月進行社區清潔指數計劃，透過向社區徵詢意見，定期評審社區的清潔程度，以記錄和跟進社區衛生改善措施的成效。指數在 2004 年 5 月至 2008 年 2 月基本上有所上升，而自 2006 年底已沒有明顯波動，反映清潔情況改善並保持穩定。政府在 2008 年初作檢討後，認為指數計劃已達到預期目的，並於 2008 年初停辦。[6] 不過，社區清潔指數停辦後，豬流感、非洲豬瘟、登革熱病、大鼠戊型肝炎以至肺炎

等重要環衛課題均引起社會關注。由於未有相關社區指數，難以判定社區的衛生清潔狀況，也影響到制定適切措施的針對性。

鄰近香港的深圳市為全面打造「全國最乾淨城市」，城管局於 2017 年 1 月起推出「深圳市環境衛生指數街道排名」，定期公布第三方專業機構獨立測評結果，有效比對全市各街道行政區的市容衛生情況。該指數包括反映環境衛生狀況的客觀指標和市民感受兩部分指標，測評使用現場考察和問卷調查兩種方法。其中，現場考察涉及深圳各街道的 9 類場所，分別是：主幹道；社區；集貿市場及周邊；公共廣場及社區公園；商業街；垃圾收集容器、垃圾收集點及轉運站；市政人行天橋、地下人行通道、立交橋底和涵洞；公共廁所；建築工地、待建地、預留地。有關評比調查仔細精準，有效回應了深圳市民對公眾環衛熱點的關注。

建議特區政府參考深圳的做法，並參照過去經驗和最新標準，重設社區環境衛生指數，仔細劃分多個監察區塊，作為持續性監察香港環境衛生整體狀況的客觀指標。指數亦可根據環境衛生情況，增設鼠患、蚊患、街道潔淨、公眾街市等分項。

重設指標有助掌握及監察全港各區的衛生情況，從而適切分配資源予各區進行不同程度的改善環境衛生工作。若某區指數未達標，有關方面可作出重點部署，加強清潔。另外，指標亦讓市民了解各區的環境衛生狀況，加強社區防範環衛事故的危機意識。如指數短期內未有波動，可以修訂公布頻率，毋須停辦。

6. **針對性處理「三無大廈」的環境衛生問題，包括加強對「三無大廈」的恆常清潔工作，加強「三無大廈」的環境衛生教育，剷除傳染病傳播隱患。**

散布在全港各區的「三無大廈」，是滋生社區環境衛生問題的溫床之一，成為傳染病傳播的隱患。在沒有聘用清潔公司之下，「三無大廈」內部普遍衛生惡劣，梯間、走廊甚至平台滿布垃圾，臭氣薰天，招惹蟲鼠。一些居民更罔顧公德，將廢物隨處棄置在就近街道的公共空間，或街頭公共垃圾桶，垃圾桶滿了就棄到旁邊，有如「垃圾山」，引發大量環境衛生問題。

要根治舊區的環境衛生問題，剷除傳染病傳播隱患，須首先重點處理「三無大廈」的環境衛生問題。截至 2018 年 12 月，「三無大廈」數目最多的地區依次為中西區、油尖旺、九龍城、深水埗及灣仔。建議這 5 區的 6 個食環署分區環境衛生辦事處（即中西區、油尖、旺角、九龍城、深水埗及灣仔）調撥資源，成立工作隊，專門處理「三無大廈」的環衛問題，具體建議包括：

第一，組織專門負責「三無大廈」的清潔隊，定期清潔各區的「三無大廈」。

第二，食環署充分諮詢地區意見，在「三無大廈」周邊人流較密集的社區，切實監察衛生黑點，並加強執法。

第三，加強地區的環境教育，舉辦專門供「三無大廈」居民參加的講座、工作坊等，針對「三無大廈」環衛問題如垃圾處理、鼠患、冷氣機滴水等，講解問題嚴重性及處理方法。

7. **加強食環署各分區環境衛生辦事處職能，增設專項撥款，使其更有效處理地區性環境衛生問題，全面提升地區的環境衛生。**

食環署下設 19 個分區環境衛生辦事處，負責區內的環境衛生工作與設施，包括管理街市、收集垃圾、潔淨街道、管理公廁、管理小販、巡查持牌店舖，以及採取執法行動。由於長期在前線工作，因此分區環境衛生辦事處是政府內部最了解各區環境衛生狀況及需要的部門。

然而，分區環境衛生辦事處僅下設環境衛生組、潔淨及防治蟲鼠組、街市組和小販組（西貢及離島更將街市組和小販組合併為一組），顯示其職能有所局限，包括未有設立專組處理與地區團體、地區工作者的關係，以致未能全面、有效與地區人士合作，接收最新地區環境衛生資訊。建議進一步加強分區環境衛生辦事處的角色和職能，包括增設處理地區關係的專組，並增設專項撥款，為辦事處運用撥款給予彈性，積極聯繫專業組織和地區社團，推動不同層面的環衛地區工作，解決區內的環境衛生問題，包括運用撥款落實小型環衛工程、推動地區進行創新環衛試驗計劃、採購新型環衛機器、引進外國最新技術、理順與環衛相關的商戶或居民補助等。

8. **借力粵港澳大灣區創科優勢，推動智能環衛，加快香港環衛技術與時俱進。**

全球環衛行業已向智能環衛過渡，尤其是在世界創新科技大潮下，世界各地打造優質環衛城市的意念和技術，更是推陳

出新，日新月異。曾經難於解決的城市環衛問題，今日已可透過創新科技解決。這方面的研究成果和產業鏈可以在香港應用和發揮的空間越來越廣闊。

引入智能環衛技術對城市的環衛水平提升尤為重要。以街道潔淨為例，煙台作為全球最大的環衛車製造基地，已形成市政環衛領域的全系列清潔設備線控平台產品布局。2019 年，相關企業的智能自動駕駛掃路機器人投產，是智能自動駕駛清潔產品在全球範圍內首次商業化批量應用。

再看深圳市，該市龍城街道的環衛作業人員及車輛已納入環衛精細化監管平台，通過 GPS、物聯網等技術手段，全面掌握環衛作業情況和運行軌跡，由路面清掃、垃圾清理、垃圾入站壓縮去水、清運至填埋場的環衛清掃清運，已實現全過程監管，大大提升了處理環衛問題的工作效率和精準度。

香港方面，食環署正積極與香港科技園公司及其他科技公司探討合適的科技應用，已推動一系列引進創新科技環衛措施。[7]食環署並研究及測試各種技術在香港應用的可行性，引入科技進行滅蚊及滅鼠工作，在 2019/20 年度使用 1 億元來防治蟲鼠、維持環境衛生，更使用 13 款科技產品對付蚊及老鼠。這些措施，都為引入智能環衛打下基礎。不過，以科技提升環境品質，關鍵在於將創新科技引入常態化管理，把各項高科技產品和技術有機結合，產生更大的環境衛生效應。

大灣區內的深圳、東莞等城市已具備完整的創新科技產業鏈，創新意念和製造業配套俱備，有條件為香港創製度身訂造的環衛軟硬件。建議在現有推動環衛創科工作的基礎上，進一步借力大灣區創新

科技優勢，全面部署香港與環境衛生相關的各個環節，提速對接創新科技，提升技術含量和管理水平，包括改造垃圾分類處理系統、引入更多不同功能的先進環衛車種和機械設備、密切聯繫和引介先進環衛產業鏈進駐社區、推動智能環衛友善政策等，同時加強與本港、大灣區城市和海外城市與機構的交流合作，引入更多符合本港實際的智能環衛方法，務求推動香港朝向國際環衛前列城市邁進。

2020 年 1 月

註釋

1　審計署：〈第 8 章：政府發展可持續制度以保持香港清潔的工作〉，載審計署：《審計署署長第四十五號報告書》，2005 年，第 1 頁。

2　香港特別行政區新聞公報：食物及衛生局局長到訪中西區，2018 年 7 月 25 日，資料來源於 https://www.info.gov.hk/gia/general/201807/25/P2018072500601.htm（最後訪問時間：2019 年 10 月 1 日）。

3　同註 2。

4　2018 年深圳市城市管理有關統計數據，2019 年 4 月 15 日，資料來源於 http://cgj.sz.gov.cn/zwgk/tjsj/zxtjxx/201904/t20190415_16820561.htm（最後訪問時間：2019 年 10 月 30 日）。

5　食物環境衛生署：〈清掃街道：服務承諾〉，2019 年 10 月 29 日，資料來源於 https://www.fehd.gov.hk/tc_chi/pleasant_environment/cleansing/clean1.html（最後訪問時間：2019 年 11 月 6 日）。

6　香港特別行政區政府新聞公報：〈立法會：食物及衛生局局長就「改善社區環境衛生」議案辯論總結發言〉，2009 年 6 月 10 日。

7　食物及衛生局、食物環境衛生署：〈改善環境衛生及防治蟲鼠的科技應用〉，香港立法會食物安全及環境衛生事務委員會討論文件，2019 年 2 月 12 日。

第六篇

關於在大灣區
珠三角城市
建立「兩園兩城」
的建議

中央部署推動粵港澳大灣區建設的一個重要目的，就是要為港澳發展注入新動能、拓展新空間。在大灣區珠三角城市建立具有相當規模的「香港青年創業園」、「香港創科園」、「香港商業城」、「香港長者生活城」（簡稱「兩園兩城」），以形成具有規模效益和較強輻射力與吸引力的園區、城區，不僅能夠為香港的發展擴大地域空間，厚植經濟腹地，而且可以作為重要而有份量的載體，加強香港與內地的深度合作，更好地融入國家發展大局。

「兩園兩城」的具體內容包括：

「香港青年創業園」：在珠三角城市建立具有相當規模的「香港青年創業園」，集工廠辦公區域、會議展覽中心、培訓、公寓、休閒等完整設施於一身，為香港青年開創發展空間。

「香港創科園」：在東莞等地建立「香港創科園」，作為香港發展國際創科中心的腹地生產基地。

「香港商業城」：在廣州及周邊地區建立「香港商業城」，形成香港與大灣區珠三角城市之間的「前店 —— 後店」格局。

「香港長者生活城」：在珠三角城市建立較為集中並具有相當規模的「香港長者生活城」，既有助香港長者安老又帶動大灣區「銀髮」產業。

一、建立「香港青年創業園」

在珠三角城市建立具有相當規模的「香港青年創業園」，集工廠辦公區域、會議展覽中心、培訓、公寓、休閒等完整設施於一身，為香港青年開創發展空間。

1. 許多香港青年希望創業，但由於香港營商成本高昂，加上香港缺乏市場和產業鏈方面的有利條件，導致不少有能力、有夢想的青年難以在香港實現「創業夢」。為香港年輕人開闢發展空間，是大灣區建設的應有之義。粵港澳三地政府已經協商合作在珠三角城市建立了一批港澳青年創新創業示範基地，進行了有益的探索。建議在這個基礎上，創辦具有相當規模的「香港青年創業園」。

2.「香港青年創業園」集中打造包括工廠辦公區域、會議展覽中心、培訓、公寓、休閒等完整設施的創業園區，提供制度完善、辦事程序簡便的營商環境，以形成具有規模效益和較強影響力及吸引力的香港青年初創企業發展園區，協助香港青年在大灣區創業。

3. 香港與當地政府應合作推出鼓勵措施，吸引香港青年進駐「香港青年創業園」。兩地政府應合作設立「大灣區青年創投基金」，為年輕人的初創企業提供財政及支援，鼓勵青年創業創新。

二、建立「香港創科園」

在東莞等地建立「香港創科園」，作為香港發展國際創科中心的腹地生產基地。

1. 大灣區發展高新科技產業包括兩大部分：一是科技創新；二是生產製造。應該看到的是，粵港合作發展創新科技，僅僅依靠正在規劃的港深邊境河套地區「港深創新及科技園」是不夠的，原因有兩點：一是進度太慢，第一期主體工程預計2023年才能落成；二是面積不夠大，難以吸引較大規模的生產企業進駐。建議同時在鄰近香港的珠三角城市打造另一個「香港創科園」，作為香港創新科技的生產基地。

2. 鄰近香港的東莞，不僅已經發展成為大灣區內的製造中心，並積極尋求向高增值製造業升級，而且有大量成本相對較低的可發展土地，建議在東莞及鄰近地區設立較大規模的「香港創科園」，為香港及外資企業提供一個方便、完善、租金較便宜的創科產業發展基地。

3.「香港創科園」的最大特點是引入與國際市場接軌的「港式經營管理模式」：一是對於各種創新科技生產所需的原材料、設備和中間產品等，不視為進口，而免除入口關稅，以降低生產研發成本；二是「香港創科園」可以由當地政府批出土地，香港商界出資開發，為園區提供各種基礎配套設施，之後再出租或售予高新科技企業使用；三是可提供各種特殊政策吸引香港和外資創科研發和生產企業進駐，打造高新科技產業的生產基地，形成港深設計——「香港創科園」生產的產業格局。

4. 在「香港創業園」創辦大灣區新型聯合創科大學。創新和創科是粵港澳大灣區未來發展的重中之重，亟需建立一套新型的人才培養體系。三地可攜手合作，於「香港創業園」共同創辦一所新型聯合創科大學，按大灣區長遠發展需要，圍繞新一代信息技術、高端裝備製造、綠色低碳、生物醫藥、數字經濟、新材料、海洋經濟等戰略性新興產業作規劃，為大灣區培養大

批創新創科的青年專才，並將創業園打造成一個開放型及多元化社區，凝聚來自世界各地的創意和科技人才，成為孵化創意點子的搖籃。

三、建立「香港商業城」

在廣州及周邊地區建立「香港商業城」，形成香港與大灣區珠三角城市之間的「前店—後店」格局。

1. 廣州是大灣區的中心城市之一，具有國際商貿中心的重要功能。香港特區政府可與廣州市政府合作，在廣州及周邊地區建立「香港商業城」，按照與國際接軌的香港管理方式運作，既加強「香港商業城」的競爭力，又發揮「模板作用」，帶動珠三角城市的國際化。

2.「香港商業城」的經營定位主要是商貿及專業服務，重點引入香港的物流貿易、會議展覽、銀行、律師樓、會計師樓等商貿及專業服務機構進駐，形成香港與大灣區珠三角城市之間的「前店—後店」格局，以滿足大灣區各城市對國際化商貿及專業服務的需求。

3. 為配合「香港商業城」的發展，建議進一步優化通關安排：一是進一步完善人貨通關安排，探討由「人貨分檢」改為「人貨合檢」，加快通關速度；二是延長現有口岸的通關時間，讓更多口岸提供 24 小時的通關服務。

四、建立「香港長者生活城」

在珠三角城市建立較為集中並具有相當規模的「香港長者生活城」，既有助香港長者安老又帶動大灣區「銀髮」產業。

1. 香港正面對愈來愈沉重的人口老年化壓力，但由於土地供應不足，難以興建大量安老院舍，長者往往要輪候多年才能夠入住。廣東省不但鄰近香港，兩地文化接近，而且擁有大量土地，在安老產業上更發展迅速，有條件發展「香港長者生活城」。香港已有一些長者在廣東居住，但非常分散，難以管理，不利於提供適切的安老服務，有需要建立較為集中並具有相當規模的「香港長者生活城」。

2.「香港長者生活城」可由特區政府成立專項基金購入或租用相關土地，興建長者生活宿舍，並安排香港的醫院、社福機構以及相關企業進駐，區內設有適合長者使用的商場、街市、圖書館、醫院、公園及公共泳池等設施，為長者提供基本生活所需，讓長者在更好的生活環境下安享晚年。

3.「香港長者生活城」可以善用大灣區的創科基礎，打造智慧安老社區，包括推動遠程醫療保健系統，讓區內的醫療機構與香港的醫療機構聯網，以取得病者在香港的健康紀錄，方便長者在區內得到完善的醫療照顧。在長者生活宿舍內亦可鋪設家居智能網絡系統，既為長者提供舒適的生活，也方便醫護人員透過系統監察長者健康，提供更周全的照顧。

4.「香港長者生活城」有利於加強香港與廣東省在養老、養生產業上的合作，不僅方便香港長者到廣東省養老，以較相宜的費用享受更好的養老服務，而且可以營

造「銀髮潮」商機，帶動珠三角城市發展養老和養生產業。

五、「兩園兩城」的配套安排

1. 在「兩園兩城」適當放寬港人「限購令」及貸款限制。在「兩園兩城」的發展帶動下，港人在「兩園兩城」及附近區域置業的需求將相應增加。現時大灣區多個城市已實施「限購令」，令港人難以購買當地房產作自住之用。建議適當放寬港人「限購令」，允許港人在「兩園兩城」及附近區域購買一個單位自用。同時，放寬對港人的置業按揭限制，讓港人在當地承造房貸時能與內地居民一樣享受國民待遇。

2. 在「兩園兩城」實施「港人港稅」。研究在「兩園兩城」先行先試實施「港人港稅」。港人在「兩園兩城」工作只需繳付香港稅率，以吸引更多港人落戶「兩園兩城」。

3. 為「兩園兩城」進一步「擴區」、「擴容」預留空間。「兩園兩城」有很大的發展空間。建議廣東省為未來「兩園兩城」的「擴區」、「擴容」預留空間，並在有條件且有需要的城市拓展「兩園兩城」模式，打造更多「香港青年創業園」、「香港創科園」、「香港商業城」、「香港長者生活城」，既讓香港優勢更廣泛輻射到整個大灣區，又進一步加強香港與內地的深度合作。

2019 年 2 月

經民聯十年歷程大事記

2012年

10月7日 **經民聯遞交註冊正式成立** 香港經濟民生聯盟（簡稱經民聯）正式成立，由一羣理念相近的工商及專業人士創立，包括監事會主席林建岳等，以「工商帶動經濟，專業改善民生」為理念，團結香港，凝聚各界力量，為香港長遠發展出謀獻策，為港人福祉做實事。

11月22日 與行政長官梁振英及財政司司長曾俊華會面，提交對2013年度《施政報告》及《財政預算案》建議。

12月18日 在香港會議展覽中心舉行成立慶祝酒會，邀請行政長官梁振英、財政司司長曾俊華、律政司司長袁國強及中聯辦副主任林武到場祝賀。

12月18日 獲公司註冊處發出公司註冊證書。

2013年

1月12日 **首次舉辦「路向營」** 舉辦首次經民聯「路向營」，與議員、會員及友好共同探討社會的機遇與挑戰，以及展望經民聯未來的發展。

1月26日 經民聯「惠食舍 — 食物顯關懷計劃」沙田站開始運作，由沙田鄉事委員會借出場地，以優惠價提供各種大眾食品，減輕市民的負擔。

1月27日 經民聯網站啟用。

2月5日 在沙田區設立年宵攤位「傷健共融營商站」，由一班傷健人士、智障人士負責營運，並由聯盟的地區幹事從旁協助，發揮經民聯工商背景的專長，達致「商、民互助顯關懷」。

4月11日 位於金鐘海富中心的經民聯總部開幕並正式投入使用。

4月27日　**首次組團訪京**　首次率領香港工商代表團訪問北京，並獲中央政治局常委、全國人大常委會委員長張德江接見。

5月2日　首次啟動暑期大專生實習計劃，來自多間院校的14名大專生參加。

6月6日　舉辦《青年·創業·玩具夢》林亮先生分享會，向現場近50名青年分享他創業打拼的故事。是次活動為經民聯暑期實習計劃一部分，讓同學體驗組織活動和分工合作的精神。

7月1日　經民聯秘書長石禮謙獲頒授金紫荊星章，他多年來擔任不同的公職崗位，經驗豐富，向政府提供了不少寶貴意見，特別在促進香港地產及建造業的發展方面，及與政府建立有效溝通上，建樹良多。

7月13日　在大埔林村許願樹廣場為應屆考生舉辦「DSE放榜打氣Party」，經民聯副主席盧偉國及多名經民聯代表到場支持，活動吸引200多名考生參與。

7月22日　舉辦「四川雅安中小學生訪港交流團」，安排100名災區學生來港交流，藉此表達港人的關愛。歡迎晚宴上，中聯辦副主任楊健出席主禮，歡迎交流團訪港。

9月30日　**新界西支部辦事處開幕**　位於荃灣的經民聯新界西支部辦事處開幕並正式投入使用，政務司司長林鄭月娥及中聯辦新界工作部部長劉林蒞臨主禮。

11月13日　與行政長官梁振英及財政司司長曾俊華會面，提交2014年《施政報告》及《財政預算案》建議書。

12月17日　在尖沙咀美麗華酒店舉行成立1周年晚宴，邀請署理行政長官曾俊華、律政司司長袁國強及中聯辦協調部部長沈沖蒞臨主禮。

2014年

1月14日　在經民聯總部舉辦「政改諮詢座談會」，邀請政務司司長林鄭月娥擔任主講嘉賓。

1月26日　在維多利亞公園開設「創意·上游·香港未來」年宵攤位，支持本地設計。

1月27日　**組團訪粵　拜會胡春華**　組團訪問廣東，並拜會廣東省委書記胡春華、廣東省統戰部部長林雄。

2月23日　在大埔林村舉行「新春盆菜宴」，一眾立法會及區議會議員與近2,000名來自港九新界的街坊好友歡聚一堂，共賀新禧。

3月6日　**北京舉行新春酒會**　在北京舉行新春酒會，與各代表委員及各界友好歡聚一堂，共賀新禧，行政長官梁振英，全國人大常委會法律工作委員會主任委員喬曉陽，多名港澳人大代表、政協委員，以及特區政府官員等超過100名嘉賓親臨支持。

3月29日　**深水埗地區辦事處開幕**　經民聯深水埗地區辦事處開幕並正式投入使用，食物及衛生局局長高永文、環境局局長黃錦星、中聯辦九龍工作部部長何靖、行政長官辦公室主任邱騰華等多位嘉賓蒞臨主禮。

5月2日　經民聯領導層於政府總部與政務司司長林鄭月娥會面，提交「2017年行政長官選舉及2016年立法會選舉方案」建議書。

6月9日　在香港會議展覽中心舉辦「香港未來能源組合座談會」，邀請環境局局長黃錦星、香港城市大學校長郭位等作主題演講和討論。

6月16日　**積極為業界發聲**　經民聯主席梁君彥、副主席林健鋒和盧偉國，聯同旅遊、酒店、零售、主題公園、航運、餐飲等業界代表，於政府總部向財政司司長曾俊華反映對內地旅客「個人遊」意見。

6月18日 就《未來發電燃料組合諮詢文件》向特區政府提交意見書，促請政府向公眾提供更多數據和資料，探討更多不同的發電燃料組合。

6月26日 **啟動大專生實習計劃** 經民聯「2014暑期大專生實習計劃」開始，來自海內外多間院校的17名大專生參與。

7月22日 舉辦為期4天的「經民聯青年考察團」，考察潮州和汕頭，有30名來自不同學校的青年參加。

7月23日 經民聯團隊聯同工商界、銀行界、證券界、旅遊界及影藝界等代表親身前往中環畢打街街站，參與「保普選、反佔中」簽名運動。

7月23日 提交「工時議題公眾參與及諮詢」意見書。

8月13日 **反對「佔中」** 在香港會議展覽中心舉辦工商專業齊發聲集會，呼籲「保經濟、保民生、反佔中、一人一票選特首」。

8月17日 經民聯約500人團隊參與「8‧17和平普選大遊行」，從維多利亞公園出發，經過銅鑼灣、灣仔、金鐘，到達終點中環遮打花園。

8月22日 林建岳、梁君彥、林健鋒3位經民聯領導，在友邦金融中心19樓平台為慈善參加「冰桶挑戰」。

9月17日 在經民聯總部舉辦「香港金融體系」講座，邀請香港金融管理局總裁陳德霖主講。

9月26日 **訪問上海 拜會韓正** 經民聯領導層率領工商金融專業界訪問上海，拜會中央政治局委員、上海市委書記韓正；為期3天的行程，還先後參觀了上海證券交易所、上海自貿區、上海股權託管交易中心等。

9月27日 **訪問台北** 經民聯領導層率團訪問台北，與台灣地區立法機構負責人王金平、台北市市長郝龍斌等會面。

9月29日 在傳媒發布聲明，對學生及「佔領中環」的示威活動演變成警民對立的局面，深感痛心，懇請社會各方人士冷靜、理性，以和平及守法的方式來表達訴求，進行對話溝通。

10月6日 促請政府為受「佔中」影響中小企設立低息貸款。

11月13日 與行政長官梁振英會面，提交2015年《施政報告》及《財政預算案》建議書。

12月6日 經民聯地區宣傳車正式投入服務。

12月13日 在維多利亞公園舉行的工展會內設立「經民綠惜工房」攤位，宣傳減少廚餘。

12月17日 經民聯領導層聯同旅遊、零售、飲食、汽車及證券界代表，與財政司司長曾俊華會面，針對「佔中」影響經濟和打擊港人士氣，提出多項建議。

2015年

1月29日 **參與政改諮詢** 於經民聯總部舉辦「第二輪政改諮詢座談會」，邀請政務司司長林鄭月娥出席主講。

1月31日 於深圳東海朗廷酒店舉辦經民聯「路向營」，邀請政務司司長林鄭月娥、全國港澳研究會會長陳佐洱、財經事務及庫務局局長陳家強等擔任主講嘉賓。

2月15日 在旺角花墟舉辦「創嚐BPA」年宵攤位，與市民共賀新春。

3月2日 與政務司司長林鄭月娥會面，就第二輪政改諮詢提交「2017行政長官普選辦法」建議書。

3月4日 **公布「兩會」提案** 經民聯領導層於中國會召開記者會，公布9項政協提案。

3月6日　在北京舉行新春酒會,約 200 名嘉賓出席共賀新禧。

3月14日　**舉辦盆菜宴**　在沙田車公廟旁的足球場舉辦 2015 年盆菜宴暨義工頒獎禮,2,000 多名街坊友好參加。

3月16日　在傳媒發布聲明,回應「自願醫保計劃諮詢文件」意見書,期望讓公共開支用在最有需要的人身上,使醫療體系的資源分配更公平。

4月13日　約見發展局局長陳茂波,就土地政策及樓宇維修表達意見。

4月29日　聯同旅遊業界約見商務及經濟發展局局長蘇錦樑,促請政府採取措施紓緩「一周一行」的負面影響。

5月1日　在葵芳舉行選民登記啟動禮活動。

5月10日　在青衣海濱公園舉辦「生活滿希望、正能量發放」填色比賽頒獎禮暨親子嘉年華,與街坊共慶母親節。

6月5日　經民聯「2015 暑期大專生實習計劃」開始,來自海內外不同院校的 12 名大專生參加。

6月6日　**首辦「青年領袖培訓計劃」**　首辦「青年領袖培訓計劃」,邀請各範疇的重量級人物及資深傳媒人在經民聯總部主講,吸引了 15 位來自工商專業界、有志服務香港的青年參與。

6月16日　提交「回應電力市場未來發展公眾諮詢」意見書,期望企業有安全、高度可靠的供電,同時也能負擔合理電費。

6月21日　在大埔大明里廣場舉辦「青年就業招聘會」,為學生和青年提供就業及暑期實習機會。

7月1日　經民聯監事會主席林建岳獲頒授金紫荊星章,他長期參與公共服務,表現卓越,尤其對香港旅遊業的發展,貢獻良多;在香港娛樂事業亦擔當重要角色,特別是在電影及音樂界的發展方面,建樹良多。

7月16日　約見運輸及房屋局代表跟進食水含鉛事件,促請政府要全面檢視,儘快找出食水含鉛的根本原因,對症下藥。

7月25日　**舉辦義工交流團**　舉辦為期 2 天的義工交流團,前往中山和珠海遊覽,讓不同社區的義工聚首交流,分享經驗。

9月1日　為 2005 年或以後落成的約 80 所中小學驗水,釋除家長和學生的焦慮。

9月21日　向政府提交優化內地旅客「個人遊」建議書,讓 2,000 萬中國電子護照持有人,在網上申請來港「個人遊」簽注,以吸引更多內地居民來港旅遊。

10月12日　**反對取消強積金對沖機制**　經民聯主席梁君彥和副主席林健鋒在經民聯總部會見傳媒,表明與工商專業界連成一線,強烈反對取消強積金對沖機制。

11月1日　**首度參選區議會**　在荔枝角公園舉行區議會選舉誓師大會,經民聯派出 16 人參選。

11月24日　與行政長官梁振英及財政司司長曾俊華會面,提交 2016 年《施政報告》及《財政預算案》建議書。

12月7日　在尖沙咀美麗華酒店舉行成立 3 周年晚宴,邀得行政長官梁振英、政務司司長林鄭月娥和中聯辦副主任殷曉靜蒞臨主禮。

12月10日　聯同 14 個商會於香港會議展覽中心合辦「強積金對沖機制論壇」,探討取消對沖安排對社會影響,超過 300 人出席。

12月21日　經民聯領導層聯同旅遊、零售、飲食及運輸業界代表,與財政司司長曾俊華會面,提出多項建議,期望能找到好的治療方法,振興經濟。

2016年

1月1日　陸漢德接任經民聯行政總裁一職，何鑄明因健康原因請辭。

2月2日　在旺角花墟的年宵攤位「一地兩點」正式啟市。攤位邀得政務司司長林鄭月娥舉行啟動禮，售賣本地青年手工製作的賀年禮餅，同時舉辦賀年活動。

2月12日　**反對「旺暴」 守護法治**　在全港社區發起簽名活動，就旺角暴亂呼籲市民反對暴力，抵制暴民政治；活動一連3日舉行，經民聯立法會議員梁美芬、多位區議員和地區成員均有參與。

2月20日　在深水埗保安道遊樂場舉行的新春盆菜宴筵開近200席，超過2,000名來自全港各區的街坊友好聚首一堂。

3月6日　舉辦經民聯2016年北京新春酒會，與港澳地區全國人大代表和政協委員等共賀新禧。行政長官梁振英、中聯辦主任張曉明及全國政協港澳台僑委員會主任楊崇匯等200名嘉賓親臨支持。

5月　**提交最低工資意見書**　提交「法定最低工資水平的檢討」意見書，期望政府在防止工資過低與減少低薪職位流失的目標之間取得適當平衡。

5月8日　**參加反拉布遊行**　經民聯成員出席建造業大聯盟主辦的反拉布遊行，由中環遮打花園遊行至立法會，並接收10多個專業和業界團體遞交的請願信。

5月18日　**會見張德江委員長**　經民聯主席梁君彥及副主席林健鋒獲邀請出席於香港會議展覽中心舉行的酒會，與視察香港的全國人大常委會委員長張德江會面。

5月26日　經民聯副主席林健鋒、張華峰和秘書長石禮

謙聯同「地產代理業界聯席會議」約見香港金融管理局副總裁阮國恆等代表，促請放寬按揭成數。

6月2日　公布「取消強積金對沖機制意向」問卷調查結果，調查向約300間商會發出問卷，涵蓋企業會員逾12,000間，結果顯示85.5%受訪者反對取消強積金對沖機制。

6月6日　經民聯「2016暑期大專生實習計劃」開始，來自海內外多間院校的14名大專生參與。

6月14日　經民聯和15個主要商會成立的「工商界關注退保及強積金事宜聯席會議」，就退休保障諮詢向政務司司長林鄭月娥遞交意見書。

6月23日　在經民聯總部舉行「的士業權益捍衛大會」，對政府擬推「優質的士計劃」表達不滿，超過20個的士商會的代表逾40人出席。

7月6日　提交「發展香港貿易單一窗口」意見書，期望政府就計劃的執行細節仔細聆聽業界意見。

7月11日　經民聯召開執委會會議，通過任命梁美芬博士為經民聯副主席。

7月14日　經民聯副主席林健鋒、梁美芬到訪廣州，與廣東省公安廳及廣東公安邊防等官員會面，促請兩地政府聯手執法，嚴打「假難民」偷渡問題。

7月20日　**參選立法會 全數報捷**　在添馬公園露天劇場舉行「2016年立法會選舉誓師大會」，宣布7張名單參選立法會，包括工業界（第一）梁君彥、商界（第一）林健鋒、工程界盧偉國、金融服務界張華峰、地產及建造界石禮謙和鄉議局劉業強，以及九龍西地方選區梁美芬。

9月5日　經民聯7張立法會參選名單全部當選。

10月5日　與金融界4個商會在香港會議展覽中心舉辦

結伴而行　共建香港美好家園

《上市架構諮詢文件》研討會，逾 300 名業界代表出席。證券及期貨事務監察委員會、香港交易所與財經事務及庫務局派代表到場聽取業界聲音。

10 月 7 日　就 2017 年《施政報告》及《財政預算案》向政府提交 119 項建議。

10 月 12 日　**梁君彥當選立法會主席**　經民聯立法會議員梁君彥當選立法會主席。

10 月 13 日　**選出經民聯新一屆領導層**　經民聯產生新一屆領導層，林建岳、李大壯繼續擔任監事會主席、副主席，梁君彥獲推選為榮譽主席，盧偉國當選主席，另增選劉業強為副主席，梁美芬兼任地區事務委員會主席。

10 月 26 日　**選出青委會領導層**　選出經民聯第三屆青委會領導層，梁宏正獲推選為主席，黃舒明、林顥伊、林凱章、黃永威、梁文廣、梁婉婷獲推選為副主席。

10 月 26 日　經民聯領導帶領地區人士在立法會外參與「反辱華、反港獨大聯盟」萬人集會，經民聯主席盧偉國、副主席張華峰及梁美芬聯同 10 多名區議員，帶領 200 多名地區人士參與。

11 月　**提交上市監管意見書**　提交「上市監管決策及管治架構聯合諮詢」意見書，期望當局在監管與發展之間取得平衡，並要令上市規管與時並進。

11 月 1 日　在麗思卡爾頓酒店舉行經民聯成立 4 周年慶典暨晚宴，筵開逾 30 席，邀得行政長官梁振英、中聯辦副主任楊健、外交部駐港特派員公署副特派員胡建中等多名官員出席。

11 月 12 日　**油尖旺辦事處開幕**　在佐敦的經民聯油尖旺辦事處開幕並投入使用，政務司司長林鄭月娥、中聯辦九龍工作部部長何靖等蒞臨主禮。

11 月 13 日　經民聯多位立法會議員出席「反港獨、撐釋法」大聯盟發起在立法會大樓外的 40,000 人集會。

11 月 28 日　在傳媒公布處理強積金對沖問題的新建議，改由中央「公積金」取代現行強積金制度。

2017年

1 月 8 日　**舉辦義工嘉許禮 2017**　在土瓜灣遊樂場舉辦「新春盆菜宴暨義工嘉許禮 2017」，近 3,000 名義工友好出席。

1 月 22 日　**維園設年宵攤位**　在維園擺設主題為「香港一定 Duck」主題年宵攤位，支持本地創作；食物及衛生局局長高永文等蒞臨主持開幕禮。

1 月 -2 月　**支持林鄭月娥參選**　聯同多名工商專業界選舉委員會委員和業界代表，與 4 位行政長官參選人於經民聯總部舉行座談，反映業界意見；經內部討論及磋商後達成共識，一致支持行政長官參選人林鄭月娥。

2 月 19 日　**舉行「動物許願節」**　經民聯新界東支部在大埔林村許願廣場舉行「動物許願節暨動物慈善領養嘉年華」，多名經民聯領導、青委會成員和區議員出席。

2 月 23 日　**公布「兩會」提案內容**　在經民聯總部召開記者會，公布經民聯全國政協委員向全國「兩會」提交的提案內容，涵蓋 10 項提案。

3 月 3 日　就「提升香港公司實益擁有權的透明度」諮詢文件提交意見書，期望政府在致力打擊洗錢和國際犯罪活動的同時，必須小心衡量有關措施和法律修改對營商環境的影響。

3 月 6 日　在北京舉辦經民聯慶祝香港回歸 20 周年新春酒會，香港中聯辦主任張曉明、澳門中聯辦主任王志民、國務院港澳辦副主任宋哲等 200 名嘉賓歡聚一堂。

3月9日　**北京拜訪證監會**　經民聯領導在北京拜訪中國證券監督管理委員會，建議進一步開拓兩地金融合作領域。

3月12日　**主辦寵物墟市**　經民聯青委會、油尖旺辦事處與 Paws Hero（動物英雄聯盟）在旺角麥花臣球場主辦「Paws Hero 愛動物・真英雄啟動禮暨寵物墟市 2017」。

4月28日　經民聯領導、區議員、青委會及業界代表與候任行政長官林鄭月娥會晤，提出 40 多項施政期望。

5月23日　**提交大灣區建議書**　向行政長官梁振英遞交構建「粵港澳大灣區」建議書，就推動三地進一步分工和協作提出 12 方面的建議。

6月1日　經民聯「2017 暑期大專生實習計劃」開始，來自海內外多間院校的 17 名大專生參與。

6月4日　在大埔墟體育館舉辦體育活動同樂日慶回歸，民政事務局體育專員楊德強、中聯辦新界工作部副部長葉虎等擔任主禮嘉賓。

6月16日　**發布慶回歸廿載小冊子**　在經民聯總部向公眾發布由聯盟編寫的《香港回歸 20 年成就一覽》小冊子，分享香港在經濟、民生、基建規劃、勞工、「一國兩制」及政制發展等方面取得的成就。

6月16日　經民聯榮譽主席梁君彥與副主席林健鋒在北京出席「香港回歸祖國 20 周年—同心創前路掌握新機遇」成就展；經民聯監事會主席林建岳及立法會議員分別參加「香港特別行政區歡迎習近平主席晚宴」、「香港回歸 20 周年閱兵儀式」。

7月1日　**林健鋒、劉業強就任行政會議成員**　經民聯副主席林健鋒、劉業強正式就任行政會議成員。

7月7日　經民聯領導出席在昂船洲軍營舉行的「中國人民解放軍海軍 16 艦編隊停靠香港歡迎儀式」，並登上「遼寧號」及「銀川號」參觀。

7月7日　**在荃灣主辦《魅力香港慶回歸　香港旅業再創高》**　招待數百名內地郵輪旅客，經民聯青委會副主席林顥伊、香港旅遊發展局總幹事劉鎮漢等擔任主禮嘉賓。

7月14日　經民聯社會服務隊舉辦「回到・未來」探索歷史文化之旅交流團，到訪東莞、南京及北京，數十名 12 至 29 歲青少年參加。

7月17日　就特區政府 2017 至 2018 年度《施政報告》提交 225 項具體建議。

7月23日　經民聯榮譽主席、大紫荊勳賢劉皇發博士辭世，經民聯表示沉痛哀悼。

7月30日　**《建軍大業》首映**　作為受惠機構參與在香港會議展覽中心舉辦的《建軍大業》首映禮，全國政協副主席董建華和梁振英、行政長官林鄭月娥、中聯辦主任張曉明等多名官員出席。

8月7日　**組成「一地兩檢關注聯盟」**　經民聯青委會與多個工商、專業及青年組織組成「一地兩檢關注聯盟」，強調「一地兩檢」最能發揮廣深港高速鐵路的效益，達到便民、便商、便利的效果。

8月18日　就「有關建議設立創新板框架諮詢文件」和「有關建議檢討創業板及修訂《創業板規則》及《主板規則》」提交意見書。

11月5日　**舉辦「共建和諧社會」嘉年華**　在沙田舉辦「共建和諧社會」嘉年華，包括中聯辦新界工作部副部長楊小嬋、沙田區議會主席何厚祥等擔任主禮嘉賓，與市民同賀香港回歸 20 周年。

12月5日　向財政司司長陳茂波提交《財政預算案》65

項建議，吸引遊客及資金來港。

12 月 12 日　在香港會議展覽中心舉行成立 5 周年慶典暨晚宴，行政長官林鄭月娥、中聯辦副主任譚鐵牛、外交部駐港特派員公署副特派員楊義瑞等近 800 名嘉賓蒞臨現場聚首一堂。

2018年

1 月 3 日　「一地兩檢關注聯盟」成員晤運輸及房屋局局長陳帆，期望政府儘快就「一地兩檢」展開本地立法工作。

1 月 9 日　經民聯副主席兼地區事務委員會主席梁美芬聯同地區代表於立法會發布社區衛生問卷調查，顯示逾六成受訪者認為街道衛生水平一般，並促請政府增加資源，改善外判制度。

2 月 3 日　**舉辦義工嘉許禮 2018**　在深水埗舉辦「新春盆菜宴暨義工嘉許禮 2018」，近 3,000 名義工友好參加。

2 月 11 日　聯同 Paws Hero（動物英雄聯盟）在維多利亞公園擺設主題為「大汪區」的年宵攤位，多名經民聯領導出席啟動禮。

2 月 27 日　**公布「兩會」提案**　在經民聯總部召開記者會，公布全國「兩會」提案和建議，合共 20 多項，力拓「一帶一路」及粵港澳大灣區機遇。

3 月 6 日　在北京舉行 2018 年新春酒會，全國政協副主席梁振英、行政長官林鄭月娥、港澳辦主任張曉明、中聯辦主任王志民等逾 200 名嘉賓歡聚一堂。

3 月 14 日　**林建岳當選全國政協常委**　經民聯監事會主席林建岳當選為第 13 屆全國政協常委。

3 月 18 日　**舉辦第二屆「動物許願節」**　在大埔林村許願廣場舉辦第二屆「動物許願節」，促進社會關注動物權益；經民聯主席盧偉國、青委會副主席林顥伊等出席。

4 月 8 日　**九龍城辦事處開幕**　在德朗邨的經民聯九龍城辦事處開幕並投入使用，政務司司長張建宗、中聯辦九龍工作部副部長盧寧等出席開幕儀式。

4 月 29 日　**訪粵拜會李希、馬興瑞**　到訪廣州市，於珠島賓館拜會廣東省省委書記李希和省長馬興瑞，提出六大範疇 22 項建議，共拓粵港澳大灣區機遇，還拜訪廣州市委書記等。

5 月 20 日　在石硤尾邨舉行居民大會，促請政府儘快重建舊屋邨，近百名街坊出席。

5 月 28 日　經民聯副主席梁美芬聯同兒科醫生李家仁等於立法會公布學生午餐質素調查，建議試行「一校一營養師」。

6 月 3 日　邀請運輸及房屋局局長陳帆到石硤尾邨實地視察，促請政府儘快重建舊屋邨。

6 月 4 日　**2018 暑期大專生實習計劃**　經民聯「2018 暑期大專生實習計劃」開始，來自海內外多間院校的 16 名大專生參與。

6 月 5 日　經民聯主席盧偉國、副主席梁美芬聯同多名地區成員在港鐵旺角東站外舉辦簽名大行動，促高鐵減價及提供長者學生優惠。

7 月 12 日　**提逾 200 項《施政報告》建議**　經民聯領導與行政長官林鄭月娥會晤，提逾 200 項《施政報告》建議。

7 月 17 日　與 20 多個商會代表會晤政務司司長張建宗，促三方面助中小企應對取消強積金對沖。

8 月 11 日　在深水埗富昌邨舉辦「尊重與包容、畫出共融香港」填色比賽頒獎禮暨作品展。

9月	回應私人遊樂場地契約檢討公眾諮詢建議書，在支持當局進行檢討的同時，認為不應該抹殺私人體育會和社區組織對宣揚本地體育的貢獻。
10月	回應提升舊式工業大廈消防安全的立法建議，認為必須充分考慮業主或佔用人遵辦消防安全指示面對的實際困難，並輔以相應配套和支援。
10月8日	**成立衛生健康事務委員會**　成立衛生健康事務委員會，由龐朝輝醫生擔任召集人，成員涵蓋專科醫生、熟悉醫療法律的律師、兒童心理學顧問、製藥業、中藥業和病人組織代表等。
11月3日	經民聯各區區議員舉辦多場「免費注射流感疫苗大行動」，為6個月至11歲的小童及50歲以上人士免費注射流感疫苗，單日已為數百名街坊服務。
12月11日	在香港海洋公園萬豪酒店宴會廳舉行6周年晚宴，晚宴筵開逾80席，行政長官林鄭月娥、中聯辦副主任譚鐵牛、外交部駐港特派員公署副特派員宋如安等近千名嘉賓蒞臨。
12月11日	立法會工業界（第二）議員吳永嘉加入經民聯，出任副主席。
12月13日	與財政司司長陳茂波會晤，就《財政預算案》提出涵蓋12個範疇共113項具體建議。
12月21日	在傳媒發布新聞稿，公布民調顯示六成市民贊成於東大嶼填海，倡政府應盡快向立法會提交「明日大嶼」前期研究撥款建議以及發行填海債券籌集資金，多管齊下解決房屋問題。

2019年

1月6日	在經民聯總部召開記者會，公布調查指五成

	多人輪候急症室逾2小時，促醫管局整合資源便利市民輪候應診。
2月1日	在維多利亞公園擺設主題為「豬年乜都Duck」的年宵攤位，財政司司長陳茂波等擔任開幕禮主禮嘉賓。
2月16日	**舉辦「義工嘉許禮2019」**　在深水埗保安道遊樂場舉辦「新春盆菜宴暨義工嘉許禮2019」，近3,000名義工友好參加。
2月18日	**提出「兩園兩城」建議**　在傳媒發布新聞稿，歡迎中央政府正式公布《粵港澳大灣區發展規劃綱要》，並呼應中央對灣區提出的五大總體戰略定位，提出發展「兩園兩城」的建議，包括設立「香港青年創業園」、「香港創科園」、「香港商業城」和「香港長者生活城」。
2月23日	**舉辦第三屆「動物許願節」**　在大埔林村許願廣場舉辦第三屆「動物許願節」，宣揚領養動物及保護動物權益的訊息，啟動禮嘉賓包括經民聯主席盧偉國、經民聯青委會副主席林顥伊、中聯辦新界工作部副部長謝錦文等。
2月25日	**公布「兩會」提案**　在經民聯總部舉行記者會，公布全國「兩會」逾24項提案和建議。
3月6日	慶祝建國70周年暨新春酒會在北京舉行，全國政協副主席梁振英、行政長官林鄭月娥、港澳辦主任張曉明、中聯辦主任王志民等逾200位嘉賓歡聚一堂。
3月24日	經民聯李思敏於油尖旺區議會大南區補選中勝出，替補因病辭世、前當區區議員經民聯莊永燦的議席。
4月28日	在黃埔舉行「選民登記啟動日」活動，經民聯副主席梁美芬、九龍城區議會副主席左滙雄、油尖旺區議會副主席黃舒明等出席啟動儀式。
5月22日	經民聯地區成員到九龍灣港鐵總部向港鐵請

願，促增特惠站數目及提高折扣優惠金額至3元。

5月25日 **倡「聯廈聯管」先導計劃** 經民聯區議員李思敏、黃舒明、陳少棠、黃建新於油尖旺支部召開記者會，倡「聯廈聯管」先導計劃，協助「三無大廈」成立法團。

6月3日 經民聯「2019暑期大專生實習計劃」開始，共有10名大專生參與。

6月10日 在傳媒發布新聞稿，強烈譴責示威者暴力衝擊行為踐踏法治。

7月 就「提升香港動物福利建議」作回應，期望能夠通過完善現行法例及加強公眾教育，使香港成為動物友善的城市。

7月29日 **譴責暴力 撐警執法** 在傳媒發布新聞稿，認同港澳辦對社會暴力事件的立場，支持警隊執法，發展經濟民生。

8月12日 在傳媒發布新聞稿，嚴厲譴責極端暴力危害執法者和市民生命財產安全。

8月21日 **爭取港企落戶「一帶一路」經貿合作區** 向行政長官林鄭月娥提逾400項《施政報告》建議，應對貿易戰，促讓港企落戶「一帶一路」經貿合作區。

9月 就「長遠減碳策略」作回應，促請政府儘快制定至2050年的長遠減碳策略，訂定清晰的目標及路線圖。

9月1日 在傳媒發布新聞稿，反對激進勢力策動在全港進行跨界別罷工、罷市、罷課（「三罷」），企圖癱瘓社會。

9月13日 **舉辦支援中小企講座** 在香港海洋公園萬豪酒店宴會廳舉辦支援中小企講座，助業界了解政府支援措施，融資周轉應對經濟挑戰；講座嘉賓包括財政司司長陳茂波、商務

及經濟發展局局長邱騰華等，共吸引逾200名工商界代表出席。

9月24日 **發布公屋重建研究報告** 在經民聯總部發布《推動公屋重建研究報告》，建議重建19個老齡屋邨，料可增兩倍單位供應。

9月28日 在傳媒發布新聞稿，促請美國停止推動《香港人權與民主法案》。

11月25日 在傳媒發布新聞稿，對區議會選舉結果表示失望，強調續拓地區工作不氣餒。

11月28日 **提「撐商保民」建議** 促政府再推紓困措施，包括延遲交稅6個月，做到「撐企業、保就業、惠民生」。

12月5日 就《財政預算案》提178項建議，促政府續增紓困力度，致力「撐商保民」共渡難關。

2020年

1月 **設街站派發防疫物資** 於香港出現第一宗新冠肺炎確診個案之前，已在全港各區設置街站，派發口罩、酒精搓手液及漂白水，提醒市民作全方位防護，以實際行動保障市民健康。

1月9日 **發布社區環境衛生系列研究報告** 在經民聯總部召開記者會，發布《改善全港社區環境衛生系列研究報告》，倡設65億元「五大環衛專項基金」，全面改善香港衛生環境，預防社區傳染病。

2月1日 徐旭傑董事兼任經民聯行政總裁一職，陸漢德因私人原因請辭。

2月13日 **促接滯留湖北港人** 在傳媒發布聲明，促請政府派包機接載滯留湖北的港人回港。

2月18日 在傳媒發布聲明，促請政府全額擔保中小

企，以低息貸款協助各業交租支薪。

2月19日 向財政司司長陳茂波提交《財政預算案》補充建議，指出企業和僱員齊受疫情影響，不反對全民派錢儘快紓困。

3月4日 促請「防疫抗疫基金」簡化手續快速支付，並呼籲加碼支援未及受惠行業。

3月9日 **爭取港鐵減價** 促請港鐵減票價兩至三成，為期9個月，由政府所收股息承擔，與市民共渡時艱。

3月16日 歡迎金融管理局「降準」，冀銀行儘快配合「放水」打救中小企。

3月19日 促請加強入境人士的新冠病毒檢測。

4月 在傳媒發布聲明，就「選舉活動建議指引」作出回應，期望政府優化選舉安排，妥善處理選舉不公的情況。

4月8日 在傳媒發布聲明，歡迎政府推出次輪防疫抗疫措施，做到撐企業、保就業、紓民困、還富於民。

4月22日 呼籲次輪防疫紓困措施簡化審批，儘快惠及市民，促勿忘老弱婦孺及失業人士。

4月29日 經民聯議員與業界向香港貿易發展局提出疫後復甦建議，促請資助一半參展費，放寬「發展品牌、升級轉型及拓展內銷市場的專項基金」(BUD基金)的申請限制。

6月30日 **發布聲明支持國安立法** 在傳媒發布聲明，擁護和支持全國人大常委會通過《中華人民共和國香港特別行政區維護國家安全法》。

7月 於各區舉辦撐《港區國安法》簽名街站，向市民收集簽名，全力支持制定《港區國安法》，並爭取市民支持及宣傳推廣《港區國安法》。

7月10日 歡迎「防疫抗疫基金」支援金銀業貿易場行員及從業員。

7月13日 經民聯副主席張華峰偕10多位金融服務界代表會晤財經事務及庫務局局長許正宇，促請協助中小券商爭取生存發展空間。

8月11日 在傳媒發布聲明，歡迎和支持全國人大常委會就香港特別行政區第六屆立法會繼續履行職責作出決定。

8月12日 **建議疫下紓困復甦** 與行政長官林鄭月娥會晤，倡向失業人士月派8,000元，促推第三輪抗疫基金補漏拾遺，儘快推行「港康碼」。

9月9日 向行政長官林鄭月娥提交《施政報告》建議，促抗疫之餘不忘部署復甦經濟。

9月14日 **慰問國家核酸檢測支援隊** 多名經民聯領導和地區成員到中山紀念公園體育館的「火眼實驗室」慰問國家核酸檢測支援隊，表達謝意。

10月1日 **梁君彥獲頒授大紫荊勳章** 經民聯榮譽主席梁君彥獲頒授大紫荊勳章，他長期擔任公職，先後擔任多個法定組織和諮詢委會員的主席和成員，擁有豐富的公共服務經驗；盡心竭力服務社會，建樹殊偉，對政府的有效管治作出重大貢獻。

10月31日 在傳媒發布新聞稿，歡迎粵港兩地政府簽署落實《粵港合作框架協議》2020年重點工作，共同推進涵蓋八大主要範疇的57項措施，促助工商專業界融入國家發展。

11月5日 **倡設「大灣區金融單一通行證」** 經民聯副主席林健鋒及張華峰於立法會舉行記者會，倡設「大灣區金融單一通行證」制度，提出十大建議，以創新金融機制和監管模式，打造資金在大灣區流通的「高速通道」。

11月11日 在傳媒發布新聞稿，支持全國人大常委會關

於香港特別行政區立法會議員資格問題的決定。

11 月 19 日　**倡建「港青大灣區 e 通道」**　經民聯主席盧偉國，副主席梁美芬、吳永嘉，青委會主席梁宏正，副主席林顥伊於立法會召開記者會，公布倡建「港青大灣區 e 通道」十大建議，設立一條簡單、高效、便捷的通道（easy channel），為港青北上提供全方位的支援。

11 月 27 日　港區省級政協委員聯誼會向經民聯捐贈 20,000 個愛心飯盒，讓經民聯地區成員轉贈有需要的街坊。

12 月 11 日　**倡強制全民檢測**　在傳媒發布新聞稿，促政府交代接種疫苗安排，倡強制全民檢測，籲政府抗疫「重藥醫重症」，以「疫情受控」為目標。

12 月 16 日　在傳媒發布新聞稿，促第四輪「防疫抗疫基金」精準支援受影響行業。

2021年

1 月　**支持區議員宣誓制度**　在全港各區發起簽名聯署行動，支持區議員宣誓制度，要求區議員宣誓。

1 月 6 日　在傳媒發布新聞稿，促政府不能只顧抗疫無視經濟，籲升級「安心出行」，爭取通關，放寬非緊密接觸行業營業時間至晚上 10 時。

1 月 15 日　**促推「抗疫發展債券」**　向財政司司長陳茂波就《財政預算案》提出合共 100 項重振經濟、改善民生的政策建議，促政府牽頭推出「抗疫發展債券」籌集資金。

1 月 21 日　**提「25 萬公屋重建全啟動」計劃**　經民聯主席盧偉國，副主席林健鋒、梁美芬於立法會召開記者會，提出「25 萬公屋重建全啟動」計劃，倡重建 26 個舊屋邨，解決公屋輪候

冊人龍問題。

2 月　透過地區宣傳及教育短片呼籲市民接種疫苗，釋除市民對疫苗安全的疑慮，儘速為香港建立保護屏障，讓社會早日回復常態。

2 月 23 日　**發布「兩會」提案**　在經民聯總部召開記者會，發布全國「兩會」17 項提案建議，包括向中央建議港人打疫苗可免隔離通關。

3 月　**設街站支持完善選制**　連日在全港各區設過百「撐全國人大決定　完善選舉制度　落實愛國者治港」街站，爭取市民簽名支持人大關於完善香港選舉制度的決定。

3 月 11 日　在傳媒發布新聞稿，堅決支持全國人大通過完善香港選舉制度的決定。

3 月 19 日　對「電話智能卡實名登記制度」諮詢文件作回應。

4 月 15 日　於「全民國家安全教育日」在各區擺設街站，向市民宣傳總體國家安全觀。

5 月 27 日　在傳媒發布新聞稿，歡迎和支持立法會表決通過完善選舉制度條例草案。

6 月 7 日　**發布《香港十年安居計劃》建議書**　經民聯領導於立法會發布《香港十年安居計劃》建議書，建議增建 65 萬個房屋單位，人均居住面積增至 200 平方呎。

6 月 18 日　**發表《七一宣言》：推經濟惠民生**　經民聯監事會主席林建岳，經民聯主席盧偉國，副主席林健鋒、張華峰、梁美芬、劉業強、吳永嘉，全國人大代表洪為民，於金鐘中港金融菁英交流中心發布《七一宣言》，提「推經濟、惠民生」兩大口號，推四大綱領，冀「一國兩制」50 年之後也不變。

6 月 18 日　在傳媒發布新聞稿，支持特區政府落實《港區國安法》。

7 月	在全港各區舉辦 107 場電影《1921》欣賞會，向廣大市民推介這部優秀的電影。
7 月	經民聯成員於各區派發打氣心意卡，呼籲市民齊簽名，向受水災影響的河南同胞表達關愛。
7 月 1 日	**盧偉國獲頒授金紫荊星章** 經民聯主席盧偉國獲頒授金紫荊星章，他竭誠服務社會，不但對建造業尤有建樹，而且熱心參與義務工作和不同諮詢及法定組織的工作，並牽頭鼓勵工程界及建造業凝聚共識，成就卓著。
7 月 4 日	**舉行《1921》首映禮** 為慶祝中國共產黨建黨 100 周年，經民聯假香港會議展覽中心舉行盛大的電影《1921》首映禮，場面熱鬧，冠蓋雲集。
7 月 19 日	**推出賞好戲疫苗獎勵計劃** 推出「經民聯賞好戲疫苗獎勵計劃」，送出 15,000 張 MCL 院線電影禮券。
7 月 26 日	經民聯成員捐款 100 萬港元支援河南賑災。

8 月	**Facebook 專頁 3 萬人訂閱** 經民聯 Facebook 專頁訂閱數目達 30,000 人。
8 月 17 日	**促以全新思維開發新界土地** 向行政長官提交《施政報告》建議書，涉及八大範疇過百項建議，促以全新思維開發新界土地，造福全港市民。
9 月 24 日	促政府儘快推「港康碼」，消除與內地通關障礙。
9 月 29 日	**發布《開發新界 造福香港》建議書** 提出大舉開發新界土地，把握「十四五」及前海擴區機遇，為逾 200 萬人提供居所。
10 月 22 日	**發布《加快建屋 急民所急》研究報告** 發布《加快建屋 急民所急》研究報告，以兩大目標九大建議促政府從速建屋，以及訂立人均居住面積具體政策。
11 月 9 日	**舉行「2021 年立法會選舉集氣大會」** 舉行「2021 年立法會選舉集氣大會」，宣布 8 人參選立法會，包括經民聯榮譽主席梁君彥，主席盧偉國，副主席林健鋒、張華峰、梁美芬、劉業強和吳永嘉，以及青委會成員陸瀚民。
12 月 20 日	**7 人當選立法會議員** 第七屆立法會選舉結果出爐，經民聯總共派出 8 人參選，其中 7 人成功當選。

經民聯歷年立法會議員、區議會議員和全國人大代表、全國政協委員名單

一、立法會議員

2012 至 2016 年（7 位）

劉皇發	鄉議局
梁君彥	工業界（第一）
林健鋒	商界（第一）
盧偉國	工程界
張華峰	金融服務界
石禮謙	地產及建造界
梁美芬	地區直選（九龍西）

2016 至 2021 年（8 位）

梁君彥	工業界（第一）
盧偉國	工程界
林健鋒	商界（第一）
張華峰	金融服務界
梁美芬	地區直選（九龍西）
劉業強	鄉議局
吳永嘉	工業界（第二）（2018 年 12 月 11 日加入）
石禮謙	地產及建造界

2022 至 2025 年（8 位）

梁君彥	工業界（第一）
盧偉國	工程界
林健鋒	商界（第一）
梁美芬	選委會界別
劉業強	鄉議局
吳永嘉	工業界（第二）
陸瀚民	選委會界別
陳祖恒	紡織及製衣界（2022 年 6 月加入）

二、區議員

2012 至 2015 年（26 位）

梁美芬	九龍城（黃埔東）
蕭妙文	九龍城（委任議員）
郭振華	深水埗（又一村）　深水埗區議會主席
林家輝	深水埗（長沙灣）
沈少雄	深水埗（美孚中）
李祺逢	深水埗（荔枝角北）
黃頌	油尖旺（櫻桃）（至 2015 年 5 月）
許德亮	油尖旺（旺角西）（至 2015 年 5 月）
劉皇發	屯門（當然議員）　屯門區議會主席
羅煌楓	屯門（委任議員）
莊健成	元朗（委任議員）
莫錦貴	沙田（當然議員）
湯寶珍	沙田（錦英）
劉偉倫	沙田（碧湖）
文春輝	大埔（當然議員）（至 2015 年 3 月 31 日）
陳灶良	大埔（林村谷）
何大偉	大埔（西貢北）
羅舜泉	大埔（新富）（至 2015 年 3 月 31 日）
葉曜丞	北區（祥華）
方平	葵青（委任議員）　葵青區議會主席
黃耀聰	葵青（華麗）
李志強	葵青（長青）
譚惠珍	葵青（安灝）
盧慧蘭	葵青（祖堯）
鄺官穩	離島（長洲南）
林悅	離島（東涌北）（至 2013 年 11 月 14 日）

2016 至 2019 年（24 位）

梁美芬	九龍城（黃埔東）
張仁康	九龍城（紅磡灣）
左滙雄	九龍城（愛俊）
何華漢	九龍城（啟德南）
梁婉婷	九龍城（啟德北）
林家輝	深水埗（長沙灣）
陳國偉	深水埗（石硤尾）
梁文廣	深水埗（富昌）
莊永燦	油尖旺（大南）　（至 2018 年 11 月 21 日）
黃舒明	油尖旺（旺角北）　油尖旺區議會副主席
陳少棠	油尖旺（佐敦西）
黃建新	油尖旺（旺角東）
李思敏	油尖旺（大南）
劉皇發	屯門（當然議員）　（至 2016 年 2 月 21 日）
劉業強	屯門（當然議員）
王威信	元朗（元龍）　元朗區議會副主席
莫錦貴	沙田（當然議員）
陳灶良	大埔（林村谷）
李華光	大埔（西貢北）
羅曉楓	大埔（新富）
黃耀聰	葵青（華麗）
李志強	葵青（長青）
譚惠珍	葵青（安灝）
鄺官穩	離島（長洲南）　（至 2016 年 7 月 29 日）

2020 至 2023 年（5 位）

左滙雄	九龍城（愛俊）
梁婉婷	九龍城（啟德北）
何華漢	九龍城（啟德東）
劉業強	屯門（當然議員）
莫錦貴	沙田（當然議員）

三、全國人大代表

第十二屆（2013 至 2018 年）（2 位）

王庭聰、梁劉柔芬

第十三屆（2018 至 2023 年）（3 位）

陳亨利、洪為民、王庭聰、
張俊勇（至 2019 年 12 月 28 日）

四、全國政協委員

第十二屆（2013 至 2018 年）（7 位）

林建岳、梁君彥、林健鋒、張華峰、
劉業強、許漢忠、李文俊

第十三屆（2018 至 2023 年）（11 位）

林建岳（常委）、李大壯、梁君彥、
盧偉國、林健鋒、張華峰、劉業強、
許漢忠、李文俊、周厚立、胡劍江

經民聯歷屆行政總裁

何鑄明 先生
2012 年 10 月 7 日—2015 年 12 月 31 日

陸漢德 先生
2016 年 1 月 1 日—2020 年 1 月 31 日

徐旭傑 先生
2020 年 2 月 1 日—

經民聯會歌

跟你同行

作曲：雷頌德　　填詞：夏　至

愛這裏　核心發光
海港美好觀壯　明日在開拓在仰望
我與你　樂觀能幹
一起競爭開創　和諧地建造這香港
昨日小漁港　璀璨出維港
浪接浪名句燃放　不變是名望
肩並肩同成長　挑戰敢來承當
願溶掉矛盾擁抱着曙光

長遠共你　為創新理想興奮
為發展秒秒必爭　自由互享這福蔭
長遠望見　共你走過的足印
率真一致奉行　聯手總更加吸引

經濟牽引　關顧為民
擁抱公允　跟你同行

結伴而行　共建香港美好家園

領展
LINK
Linkreit.com

恭賀 經民聯
成立10周年誌慶

WE LINK PEOPLE TO A BRIGHTER FUTURE

祝賀
香港經濟民生聯盟
成立10周年

團結精英 共締繁榮

KMB

致意

心繫生活每一程

祝賀
經民聯成立10周年

港鐵公司致意

多點綠 | 更出色

我們一切業務以可持續發展為本，為下一代創建綠色未來。

作為香港歷史最悠久的公用事業機構，煤氣公司一直以社會福祉為依歸。集團善用堆填區沼氣及其他可再生清潔能源，以達致節能減排目標，同時，我們亦堅守履行企業社會責任的承諾，以煤氣溫馨義工隊積極服務社群逾廿載。

我們志存高遠，致力在環境、社會及管治範疇更臻完美，邁向更智慧未來。我們決心與世界攜手並進，共同應對氣候變化，透過投資綠色項目為減碳作貢獻，並繼續為持分者創造價值。

恭賀經民聯
10 周年誌慶

港燈
HK Electric

推動永續未來
**Powering
for Sustainability**

www.hkelectric.com

祝賀香港經濟民生聯盟
成立10周年

成就十載
再創高峰

太古

致意

祝賀香港經濟民生聯盟
成立10周年

深耕十載
共策新圖

 香港中華廠商聯合會
The Chinese Manufacturers'
Association of Hong Kong

致意

你最值得信賴的商貿夥伴

香港工業總會
FHKI Federation of Hong Kong Industries

自1960年成立以來，香港工業總會作為本港唯一法定商會，一直深得工商界信賴。
我們協助會員連繫各地政商界要員，拓展全球業務網絡，協助企業在研發、製造、銷售等方面開闢新路向。

1960
一直為業界與政府之間
的橋樑

1
工總的立法會代表：
梁君彥議員

60+
在政府和主要公營機構的
工總代表數目

100+
每年與政府和公營機構
會議次數

300+
過去十年向政府遞交
意見書數目

10+
工商事務協會和委員會

2000+
會員企業

32
工業分組

1000+
珠三角工業協會會員企業

精彩商貿活動
每年舉辦超過300項活動，
助你聯繫四方、擴闊視野。

多元化專業服務
工總提供商貿簽證服務、知識產權
服務、場地租賃等，為企業鋪設
致勝之道。

提升品牌形象
工總的「香港Q嘜優質認證計劃」及
「香港D嘜認證計劃」獲得業界廣泛
認可，能夠令公司產品脫穎而出。

會員折扣
會員透過「工業購賞In-Mart」購物，
使用工總服務，例如簽證服務及租用
場地，可尊享會員優惠。

加入工總 立即成為會員

工總網站

入會表格

祝賀
香港經濟民生聯盟成立10周年

跨越十載
創新共贏

全國政協委員
胡劍江先生
致意

祝賀
香港經濟民生聯盟
成立10周年

經民同心 共創新猷

香港浙江省同鄉會聯合會會長
立法會議員陳仲尼,SBS,JP
暨全體理事

致意

祝賀
香港經濟民生聯盟成立10周年

輝煌十載
再創高峰

10

張俊勇,MH,JP
致意

熱烈祝賀

香港經濟民生聯盟
成立10周年

蔡志堅博士

致意

香港經濟民生聯盟
Business and Professionals
Alliance for Hong Kong

經民聯十周年

結伴而行
歡迎加入經民聯

作為對香港懷有高度責任感的工商專業界政團，經民聯自2012年成立以來，始終秉持「工商帶動經濟 專業改善民生」的理念，團結廣大工商專業界力量，為香港的經濟民生出謀獻策，為香港的繁榮穩定盡心盡力。

入會手續：

凡認同經民聯理念，有志於參政、議政，熱心社會事務，年滿18歲以上的香港市民，皆可申請成為會員。

我們期望與志同道合的您一齊為香港出謀獻策、為港人做實事，與經民聯結伴而行。有興趣的朋友，請聯絡經民聯總部職員索取入會表格（電話：2520 1377，電郵：bpa@bpahk.org）

香港經濟民生聯盟
Business and Professionals
Alliance for Hong Kong

地址： 香港夏慤道18號海富中心第一期32樓3204A
電話： 2520 1377
傳真： 2527 9930
電郵： bpa@bpahk.org

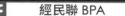 經民聯 BPA

經民聯官網